KB131789

대한민국 기부 가이드북

나와 세상을 바꾸는

대한민국 기부 가이드북

이상현 지음

중앙books

많은 이들을 나눔의 세계로 인도할 책

사랑의열매 사회복지공동모금회 회장 **예종석**

이상현 대표는 훌륭한 기부자입니다. 그는 사랑의 열매 고액 기부자 모임인 '아너소사이어티'의 회원입니다. 한 가정에서 부모나 자녀 이름으로 매월 정기 기부를 약정하는 사랑의 열매 '착한 가정'도 회원으로 가입한 바 있습니다. 그의 기부는 그 방법과 전문성에 있어 일반 기부자와는 상당히 다른 면모를 보여줍니다. 이상현 대표의 아너소사이어티 가입은 공익신탁제도를 통해 이뤄진 첫 사례로, 기부에 대한 그의 남다른 안목을 엿볼 수 있습니다.

그의 나눔은 그 뿌리도 깊습니다. 이미 20여 년 전, 대학 시절에 아동 후원 활동으로 기부의 세계와 인연을 맺기 시작했습니다. 나눔 문화가 아직 척박하던 시절의 이야기입니다. 그런 그의 기부 이력을 더 거슬러 올라가면 부친인 이인정 아시아산악연맹 회장님까지 이르게 됩니다. 이인정 회장님은 우리나라는 물론 세계 산악계의 발전을 위해 다양한 선행으로 헌신하셨으며, 아너소사이어티 가입 등 활발하게 나눔 활동을 해오신 분입니다. 이 대표의 나눔 철학이 부친에게서 큰 영향을 받았다는 것은 너무나 자명하고 당연한 귀결입니다. 그의 가정사를 반추해보면 "자선은 가정에서 시작된다."는 서양의 격언이 그냥 나온 말이 아니라는 것을 절감하게 됩니다.

그런 그가 기부에 관한 책을 펴냈습니다. 기부자가 기부에 관한 책을 저술하는 것은 흔한 일이 아닙니다. 기부왕이자 강철왕이었던 앤드루 카네기나 할 법한 일입니다. 카네기는 19세기 말에 《부의 복음》을 펼쳐내고 "부에는 사회적 책임이 따르며 재산은 사회 복지를 위해 환원해야 한다."고 갈파한 바 있습니다. 그 이후 그는 자신의 말을 실천했고, 《부의 복음》은 기부자들의 경전이 됐습니다. 또한 많은 부자들을 나눔의 세계로 이끌었습니다. 오늘날의 워런 버핏과 빌 게이츠를 위대한 기부자로 만드는 데 지대한 영향을 끼쳤습니다. 저는 이상현 대표의 지향점이 적어도 카네기를 향해야 한다고 생각합니다. 한 걸음 더 나아가서 이 책이 "기부는 부자들이나 하는 것"이라는 고정관념에 매몰돼 기부를 망설이는 많은 잠재 기부자들을 일깨우고, 카네기를 뛰어넘는 소액 다수의 기부 문화 정착에 기여할 것이라는 소망을 갖습니다.

사업으로 바쁜 이상현 대표가 시간을 쪼개 기부에 관한 책을 저술한 이

유도 우리나라에 나눔 문화를 정착시키는 것이 그만큼 절실하다고 생각했기 때문입니다. 그래서 나눔 활동과 학업을 병행하며 대학원에서 사회복지학 석사학위를 수여받았고, 사회복지사 2급 자격증까지 취득했습니다. 무엇보다 우리 사회의 복지 수준이 아직 부족하고 기부 문화의 보편화가 시급하다고 생각했기 때문입니다. 그는 한번 마음먹은 일은 실천하는 사람입니다. 저와 이상현 대표는 오래전 대학에서 사제관계로 인연을 맺었지만, 이제는 나눔 문화의 정착을 위해 같이 걸어가는 동지가 됐습니다. 그는 빼어난 기부자일 뿐만 아니라, 사회 복지의 이론과 나눔 현장에 대해서도 해박한 기업가입니다. 그의 저작은 독자들을 나눔의 세계로 친절하게 인도할 것입니다. 그의 책을 사회 복지 현장에서 일하시는 전문가들께도 일독을 권하지만 기부를 꿈꾸는 잠재 기부자 여러분께도 읽어보시기를 권유합니다. 그래서 이 책이 우리 사회 곳곳에 나눔이 물결치게 하고, 소외된 이들과 더불어 살아갈 수 있는 살 만한 세상으로 만드는 데 일조할 것을 꿈꿔봅니다.

기부는 우리 사회를 위한 현명한 '투자'

세심한 눈으로 주위를 살펴보면 우리는 이미 기부가 일상화된 세상 속에 살고 있다는 것을 알 수 있습니다. 연말연시가 되면 지하철역 구세군 종소리를 들으며 모금함에 따뜻한 손길을 내밉니다. 다양한 매체를 통해 모금 기관이 전하는 안타까운 사연들에 우리는 눈시울을 붉히며 후원 전화를 걸기도 합니다. 물건을 사고 남은 잔돈을 계산대에 놓인 조그마한 모금함에 넣기도 합니다. 연말정산 서류 속 기부금 항목은 이제 우리에게 뺄 수 없는 항목이 됐습니다.

우리가 인식하지 못하는 사이에 기부는 우리 생활과 더욱 밀접해졌습니다. 우리 아이들이 다니는 학교에서는 인성 교육의 일환으로 나눔 교육을 활발히 실시하고 있습니다. 주말에는 거리에서 나눔 장터와 바자회를 쉽게 접할 수 있고, 우리가 구입하는 물건 값의 일부가 기부금으로 사용돼 어려운 이웃에게 전달되기도 합니다.

그런데 이렇게 생활의 일부가 된 기부에 대해 우리는 얼마나 관심을 기울이고 있을까요? 막연히 "기부금은 좋은 곳에 쓰이겠지."라고 생각하거나 “유명 모금 기관에서 운영하니 어련히 잘 사용하겠지.”라는 생각만 가지고 추상적인 기부를 해오고 있었던 것은 아닐까요? 하물며 햄버거를 사 먹을 때 패티 종류와 내용물, 사이드 메뉴와의 조합을 한참 동안이나 고민하는 우리의 모습을 떠올려보면, 우리가 과연 기부할 때 이만큼이나 고민을 해왔는지 의문입니다.

제가 이 책을 통해 말하고 싶은 것은, 기부는 곧 투자라는 것입니다. 쉽게 말해 나와 가족, 그리고 우리 사회를 위한 장기적인 투자입니다. 우리의 기부금은 사회의 아픈 부분을 치유하고 제도와 문화의 발전을 위해 쓰이는 투자비용이자, 건강하고 희망적인 사회를 이루는 데 필요한 자원입니다.

우리는 투자할 때 많은 것들을 고려합니다. 어디에 투자를 할 것인지, 얼마를 투자할 것인지, 투자의 성과를 어떻게 사용할 것인지를 매번 고민합니다. 또한 수수료와 절세 효과를 고려하기도 하고, 투자와 관련된 전문가를 통해 성과를 분석하고 관리하기도 합니다. 나와 우리를 위한 투자인 기부에도 이와 같은 노력이 필요합니다.

지금껏 기부자를 위한 기부의 방법을 구체적으로 담은 책은 없었습니다. 기부에 관심이 있는 많은 사람이 기부에 대한 방법을 알기를 원하지만, 워낙 기부 과정에는 다양한 요소들이 존재하며 이에 대한 정확한 정보를 찾기란 매우 어렵습니다. 많은 경험과 전문적인 지식이 바탕이 되어야 하기 때문입니다. 그래서 늘 기부자를 위한 친절한 안내서가 필요하다는 생각을 해왔습니다.

서점에 나가 보면 주식과 부동산 같은 자산 투자 영역은 말할 것도 없고, 하물며 커피, 와인, 맥주, 심지어 초밥 가이드북까지 나와 있습니다. 그에 비해 수백, 수천억 원 예산 규모로 진행되는 모금 기관들의 사업과, 수많은 사람들의 소중한 재원으로 이루어지고 있는 기부 영역에 대한 가이드북 한 권이 지금껏 나오지 않았다는 것은 매우 안타까운 현실입니다.

이 책은 우리나라 최초의 기부 가이드북입니다. 기존의 책들이 기부에 대한 철학적인 사유에 머물렀다면, 이 책에서는 개인이 기부를 할 때 필요한 실질적인 과정들을 다양한 관점으로 소개하고자 노력했습니다. 또한 기부자로서의 경험을 바탕으로 기부자의 권리와 책임, 보람과 주의사항에 이르기까지 기부 생활의 즐거움뿐만 아니라, 어려움까지도 솔직히 담았습니다. 그리고 다양한 정치적, 종교적 시각을 넘어 우리 사회의 기부 영역에서 활동하고 있는 다양한 모금 기관들을 소개했습니다. 물론 이 같은 다양한 정보들은 이 책을 접하는 독자들이 자신만의 기부 철학을 만드는 데 필요한 재료로만 활용하면 좋겠습니다. 기부를 진정으로 가치 있게 만드는 것은 기부자의 정신이며, 어느 누구도 그것을 대신해줄 수 없기 때문입니다.

이 책이 많은 사람의 기부 생활에 도움이 됐으면 합니다. 또한 각자 기부를 통해 보람을 느끼고 사회적 가치를 만들어가는 현명한 투자자가 돼 활동하길 바랍니다. 나아가 현명한 기부 활동이 모여 깨끗한 기부 문화를 만들어나가리라 믿습니다. 마지막으로 모금 기관들도 기부자 입장에서 공감할 수 있는 프로그램을 만들고 기부자들에게 떳떳하고 투명한 기관이 되기 위해 애써주셨으면 합니다.

이 책이 나오기까지 오랜 기간 응원해준 가족들과 책을 출판할 수 있도록 격려해주신 연세대학교 사회복지학과 교수님들과 대학원 연구원, 동료분들께도 감사의 인사를 드립니다.

2020년,

이상현

실제 기부 경험자로서의 생각

기부 문화를 바라보는 관찰자가 아닌, 기부 생활을 직접 해온 경험자로서 느낀 솔직한 감정들을 중심으로 서술하고자 했습니다. 또한 기부 생활을 하면서 느낄 수 있는 불편한 부분도 가감 없이 드러내고자 했습니다. 기부자와 모금 단체 간에 생길 수 있는 문제점들도 다루어보고자 했습니다. 그러다 보니 전공서적이나 학문적 영역에서 다루는 이론이나 그에 대한 해석과는 다른 관점과 표현도 있을 수 있습니다.

개인의 금전적 기부 중심의 설명

기부는 물질적인 기부뿐만 아니라 재능 기부, 공간 기부, 생명 기부처럼 다양한 방식들로 분류됩니다. 하지만 이 책에서는 금전적으로 환산할 수 있는, 즉 기부금 영수증이 발급될 수 있는 기부를 중심으로 다룹니다. 특히 개인과 개인사업자의 기부로 한정했습니다. 기부 생태계의 구성은 개인의 기부가 그 밑바탕이 되기 때문입니다. 비금전적인 기부에 대해서도 일부 다루었으나, 이런 경우에는 기부금 영수증 발급이 어렵다는 설명을 달았습니다. 주식회사와 같은 영리법인의 기부는 궁극적으로 이윤 추구라는 전략적 선택이 반영될 수 있다는 점에서 이 책에서는 다루지 않았습니다.

종교적·정치적 중립 속에서 다양한 모금 기관 소개

기부에 대한 의사결정은 기부자의 철학, 환경, 관심 분야에 따라 다양한 방식으로 이루어집니다. 그리고 기부자의 가치관에 부합하는 모금 기관의 선택으로 이어집니다. 독자분들이 받아들이기에 따라 어떤 모금 기관들은 종교적 색채가 느껴지기도 하고, 때로는 보수적·진보적 방향을 추구하는 것으로 해석될 수도 있다고 생각합니다. 하지만 따뜻한 사회를 위한 기부에 있어 정해진 방향은 없다고 생각합니다. 이 책에서는 기부자들에게 가능한 한 객관적인 정보를 제공하기 위해 다양한 방향성을 추구하는 기관들을 중립적으로 소개하고자 했습니다. 저 또한 이 책에서 소개하는 모든 기관의 설립 이념과 사업에 대해 공감하는 것은 아닙니다. 기부 영역에 있어서도 다양한 생각이 존재하기 때문에 그 선택은 독자분들의 몫입니다.

| 차 례 |

3장 기부, 아는 만큼 할 수 있다

4장 나의 기부 생활 점검하기

5장 기부와 세금

1장

왜 기부를 해야 할까?

◆

기부란 무엇일까요?

사람들은 왜 기부를 할까요?

우리는 어떻게 기부를 해야 할까요?

쉬운 질문처럼 보이지만

정작 대답하기 어려운 질문들입니다.

이런 질문들에 명확히 답변할 수 있다면

보다 현명한 기부를 할 수 있을 것입니다.

기부란 무엇일까?

여러분은 기부를 어떻게 정의하고 있나요? 기부란 과연 무엇일까요? 지금까지 여러분이 생각한 기부의 개념과 이 책에서 정리하는 기부의 개념이 어떻게 다른지 비교해 보겠습니다.

> 기부寄附, giving, donation
> 자선사업이나 공공사업을 돕기 위해 돈이나 물건 따위를 대가 없이 내놓음
> (국립국어원 표준국어대사전)

사전에서는 기부를 위와 같이 정의하고 있습니다. 조금 구체적으로 살펴볼까요? 기부에 대한 사전적 정의는 크게 '왜', '무엇을', '어떻게'로 나누고 있습니다. 그중 '왜'를 먼저 살펴보죠. '자선사업이나 공공사업을 돕기 위해서'라는 표현에서 자선사업이나 공공사업이 뜻하는 것은 무엇일까요? 바로 공익성입니다. 기부의 중심에는 공익성이 있습니다. 만약 어떤 사람이 자신의 가족을 돕기 위해서 돈을 내놓았다고 하면 그것은 기부

라고 보기 어렵겠죠. 사회 문제 해결이나 사회의 취약 계층을 위한 지원 등 공익적 목적이 중심일 때 일반적으로 기부라고 부를 수 있습니다.

두 번째는 '무엇을'입니다. 사전에는 '돈이나 물건 따위'라고 명시돼 있습니다. 이를 통해서 기부가 '금전적 가치를 지니는 무엇인가'를 내놓음에 초점이 맞춰져 있다는 것을 알 수 있습니다. 일반적으로 기부를 생각하면 현금을 기부하는 행위를 떠올리죠. 자산 및 물품 기부, 재능 기부, 권리 기부, 생명 기부 등으로 확장되고 있는 기부 문화에 대해서는 책 후반부에서 구체적으로 다루어보겠습니다.

마지막으로 '어떻게'는 '대가 없이'라는 문구를 살펴보죠. 학문적으로는 '무대가성'으로 명명하기도 합니다. 즉 기부에 있어서는 경제학에서 이야기하는 등가교환(equivalent exchange)의 개념이 적용되지 않는다는 의미입니다. 즉, 기부금에 대한 금전적인 대가를 직접적으로 추구할 수 없는 행위라는 뜻입니다. 그렇다면 기부를 통해서 기부자는 무엇을 얻을 수 있을까요? 금전적 대가를 바로 얻을 수는 없지만, 그보다 더 뜻깊은 기부의 메아리가 우리를 기다리고 있습니다. 뒤에 나오는 '우리가 기부에서 얻을 수 있는 것들' 부분에서 다루어보겠습니다.

기부와 유사한 뜻을 가진 단어들

기부와 유사한 용어들은 대부분 '남을 돕다', '사회에 이바지하다' 등을 표현하는 단어들이라고 할 수 있습니다. 대표적으로 구호라는 말은 재난 구호, 재해 구호에서 많이 쓰이죠. 재난이나 재해 등으로 긴급한 도움이 필요한 지역이나 대상에게 기부할 때 접하는 단어입니다. 공헌이라는 용어도 기업들에서 진행하는 사회공헌 활동에서 많이 들어봤을 거라 생각됩니다. '사회에 힘을 써 이바지하다'라는 개념으로 볼 수 있죠.

기증과 기탁은 유사하지만 전혀 다른 개념입니다. 주로 문화예술 분야에서 많이 쓰이는 용어로, 기증은 소유권 자체를 해당기관에 넘기는 행위를 말합니다. 이와 달리 기탁은 소유권을 기탁자가 유지한 상태로 보관, 전시 등을 의뢰하는 행위를 뜻합니다.

원조는 물품이나 돈 따위로 도와준다는 뜻으로 사용됩니다. 대체로 원조라는 단어는 해외 원조처럼 정부나 민간에서 해외 국가(특히 개발도상국)에 지원하는 경우에 주로 사용됩니다. 한때 우리나라도 원조를 받던 나라였지만 이제는 원조를 하는 나라로 바뀌었다고 하죠.

증여는 주로 법률적인 용어로 사용됩니다. 증여라는 개념은 상속세 및 증여세법에 명확하게 정의돼 있습니다. 세법상 증여는 행위 또는 거래의 명칭·형식·목적 등과 관계없이 직접 또는 간접적인 방법으로 타인에게 무상으로 유형·무형의 재산 또는 이익을 이전하거나 타인의 재산가치를(현저히 낮은 대가를 받고 이전하는 경우를 포함) 증가시키는 것을 의미합니다. 따라서 누군가에게 금전으로 환산 가능한 모든 경제적·재산적 가치가 있는 물건·권리 등을 주게 된다면 상속세 및 증여세법상 과세대상이 될 수 있습니다. 고액을 기부하는 경우 국세청에 증여로 보일 수 있는지에 대해서 세금 전문가와 명확히 정리하고 준비하는 것이 필수입니다.

후원은 뒤에서 도와준다는 의미가 있습니다. 주로 주최·주관과 함께 행사 현수막에서 많이 볼 수 있는 용어죠. 주최는 행사나 모임을 기획해 연다는 의미를 갖고, 주관은 어떤 일을 책임지고 맡아 관리한다는 의미가 있습니다. 즉 후원기관이라고 하면 주최 및 주관기관이 어떤 행사를 진행하는 데 있어서 뒤에서 도와주는 기관을 의미합니다. 여기서 언급한 것 외에도 기부와 유사한 뜻을 가지고 다양하게 사용되는 단어들을 표를 통해 확인할 수 있습니다.

기부와 유사한 단어들

구분	정의
구호	재해나 재난 따위로 어려움에 처한 사람을 도와 보호함
공유	두 사람 이상이 한 물건을 공동으로 소유함
공헌	힘을 써 이바지함
기여	1. 도움이 되도록 이바지함 2. 물건을 부쳐 줌
기증	선물이나 기념으로 남에게 물품을 거저 줌. '드림'으로 순화
기탁	어떤 일을 부탁하여 맡겨 둠
도움	남을 돕는 일
봉사	국가나 사회 또는 남을 위하여 자신을 돌보지 아니하고 힘을 바쳐 애씀
성금	정성으로 내는 돈. '모은 돈'으로 순화
원조	물품이나 돈 따위로 도와줌
의연	사회적 공익이나 자선을 위하여 돈이나 물품을 냄
자선	남을 불쌍히 여겨 도와줌
증여	1. 물품 따위를 선물로 줌 2. 『법률』 당사자의 일방이 자기의 재산을 무상으로 상대편에게 줄 의사를 표시하고 상대편이 이를 승낙함으로써 성립하는 계약
헌납	돈이나 물건을 바침
후원	뒤에서 도와줌
희사	어떤 목적을 위하여 기꺼이 돈이나 물건을 내놓음

출처 : 국립국어원 표준국어대사전

기부의 대상과 영역

기부라고 하면 먼저 어려운 사람을 돕는다는 의미인 자선과 이를 실현하기 위한 사회복지 사업을 떠올릴 수 있습니다. 물론 기부 영역에서 어려운 이웃을 돕는 사회복지 분야는 큰 부분을 차지합니다. 하지만 기부는 사회복지에만 국한되지 않습니다. 문화·예술·과학·법률·인권·각종 제도에 이르기까지 우리 사회 모든 영역의 발전을 위해 기부를 할 수 있습니다. 결손 가정 후원 사업에서부터 최고급 콘서트홀의 시설 개선 사업에 이르기까지 사회 모든 영역이 기부 대상이 됩니다. 또 기부의 대상은 국내에 한정되지 않습니다. 지구 반대편 아프리카와 중남미의 섬나라, 복잡한 도시와 찾아가기 힘든 오지에 이르기까지 기부의 영역은 실로 광대합니다. 이제부터 여러분들도 큰 지도를 펼치고 기부의 여정을 떠나면 좋겠습니다. 구체적인 대상과 영역은 관련 기관 및 단체의 소개와 함께 다루겠습니다.

생각 나눔

한 명을 도울 것인가, 열 명을 살릴 것인가?

우리나라 빈곤 가정 아이 한 명의 성장을 도울 것인가, 해외에 있는 수십 명의 아이들에게 백신과 긴급 구호 식량을 전달해 생명을 구할 것인가. 누구를 위해 기부할지를 고민하다 보면 늘 마주치게 되는 문제입니다. 철학적인 관점에서 보면 감성적 이타주의자가 될 것인가, 아니면 냉정한 이타주의자가 될 것인가의 문제라 할 수 있습니다.

어떤 사람들은 한정된 기부금 자원을 가장 긴급한 곳에 효율적으로 사용해야 한다고 말합니다. 깨끗한 식수와 식량, 기본적인 백신이 없어서 장애를 얻거나 생명을 잃는 사람들이 세계 곳곳에 넘쳐나고 있습니다. 기부자들이 살고 있는 나라에 비해 수혜자가 살고 있는 나라의 물가가 상대적으로 낮은 경우가 많기 때문에 국내 대상 기부에 비해 같은 기부금으로 해외의 여러 사람들에게 혜택이 돌아가게 할 수 있습니다. 하지만, 기부자 중에는 한 명의 대상자와 인연을 맺길 원하는 사람도 있습니다. 단 한 명에게 보다 체계적이고 지속적인 지원을 제공해 성장 과정을 함께 응원하고, 생일과 크리스마스 같은 특별한 날에 선물도 나누고, 직접 만나 따뜻한 정도 나누며, 기부의 보람을 찾는 것을 더 바라기 때문입니다.

모든 기부자의 동기와 방식이 같을 수는 없습니다. 기부 활동을 통해 얻게 되는 감정, 보람 그리고 소통 속에서 이루어지는 과정들도 단순히 수치적인 방식으로 계산되지 않습니다. 더구나 아름다운 기부 이야기는 사람들을 감동시켜 사회를 더욱 따뜻하게 만들어주는 역할을 합니다. 이러한 기부의 정서적인 힘도 무시할 수 없습니다.

기부를 시작하기 전에 여러 문제를 고민하는 분들이 있을 것이라 생각합니다. 그렇다면 잠시 고민을 미뤄두고 작은 기부부터 시작해보라고 말씀드리고 싶습니다. 다양한 기부 프로그램에 기부 예산을 나눠서 가입하는 것도 한 가지 방법입니다. 다시 말하지만 기부 방식에 정답은 없습니다. 기부자의 기부 방식 하나하나가 밤하늘에 빛나는 별처럼 각각 다른 위치에서 어두운 세상을 밝혀주고 있기 때문입니다.

우리가 기부를 시작하게 되는 이유

우리는 왜 기부를 할까요? 사실 각 기부자마다 기부를 하는 이유는 모두 다를 것입니다. 동정심 때문에 기부하는 기부자도 있고, 사회에 대한 책임감 때문에 기부하는 사람도 있습니다. 학문적으로는 기부가 기부자에게 주는 효과(effect) 또는 기부의 동기(motivation)로 설명되기도 합니다.

만약 현재 기부를 하고 있다면 왜 기부를 하게 됐는지 떠올려보세요. 기부자 개개인이 가진 경험과 생각이 모두 다른 만큼 기부의 동기도 다양할 것입니다. 자신만의 기부 이유를 생각해보는 시간은 꾸준하고 보람 있는 기부를 위해 꼭 필요합니다. 다양한 기부의 동기들을 한번 살펴보는 것도 도움이 됩니다. 그중 자신의 기부 동기가 한 가지인 경우도 있고, 여러 가지인 경우도 있을 것입니다. 그 밖에도 자신만의 독특한 동기를 가지고 있는 기부자도 있을 것입니다. 감성적 · 철학적 · 실용적 이유 등 기부 동기는 다양하지만, 기부자 한 사람 한 사람 모두가 사회에 도움을 주는 의미 있는 주인공들이라는 사실은 같습니다.

연민에서 피어나는 자선의 손길

차가운 길거리에서 도움의 손길을 청하는 사람들을 보면, 안타까운 마음이 듭니다. 그러면 이내 마음이 움직여 도와주고 싶어집니다. 다양한 언론 매체와 소셜 미디어를 통해 안타까운 사연을 접할 때도 마찬가지입니다. 아프리카의 굶주린 아이들, 손자와 홀로 지내는 할머니의 사연들은 사람들의 연민의 감정을 자극합니다. 어려운 사람을 도와주고 싶다는 생각, 즉 동정심이 가장 인간적이고 보편적인 기부의 동기라고 할 수 있습니다.

주인의식

국가 사회 구성원의 기본적인 책임으로 교육·근로·납세·병역의 의무를 떠올릴 수 있습니다. 최근에는 환경 보존과 같은 책임도 강조되고 있습니다. 더 나아가 개인의 사적 재산권을 행사할 때에도 공공의 이익을 고려해야 하는 시대입니다. 또한 우리 사회의 전통과 도덕 규범도 준수해야 합니다. 이렇게 사회적 규범을 지키나가면서 기부까지 한다는 것은 결코 쉬운 일이 아닙니다. 그럼에도 불구하고 많은 시민들이 기부를 하는 이유는 사회 구성원으로서 가지게 되는 주인의식과 자긍심 때문입니다. 사회 발전에 대한 바람과 책임감을 보여주는 행동이기도 합니다. 즉 기부 활동이란 각자가 속해 있는 사회적·경제적·문화적 계층을 초월해 공동체의 진정한 주인으로서 자신들이 가진 자원을 사회에 환원하고, 노블레스 오블리주(noblesse oblige)의 리더십을 발휘하는 것입니다.

반성과 환원

누구나 살다 보면 다른 사람에게 빚을 지기도 하고, 자신이 빚진 것을 갚아야겠다는 마음을 갖기도 합니다. 때로는 상대방이 벌써 세상을 떠났거나, 더 이상 만날 수 없는 경우도 있습니다. 자신이 빚을 진 대상이 조직이나 단체, 나아가 사회일 수도 있습니다. 기부를 통해 참회하고자 하는 마음을 실현하는 사람들도 있습니다. 누군가 나를 대신해 받았을 고통을 반성하고, 또 내가 얻은 혜택에 대해 사회에 환원하고자 하는 마음도 기부 동기로 볼 수 있습니다. 학창 시절에 장학금을 받고 자라 나중에 성공한 사람이 어려운 학생들을 위해 기부하는 사례가 대표적인 예라고 할 수 있습니다.

나의 사회적 가치 표출

사람들은 다양한 분야에 관심을 두며 살아가고 있습니다. 음악·미술·체육·과학·사회·문화·산업 분야에 이르는 폭넓은 분야에서 개성을 표출하며 살아가고 있습니다. 사회적 관심이자 직업, 때로는 작은 취미로서 특정한 분야에 큰 의미를 부여하기도 합니다. 때로는 본인의 관심 영역에서 어려운 이웃들을 돕고, 사회 발전에 기여하면 좋겠다는 생각을 하기도 합니다. 예를 들어 스포츠를 좋아하는 사람이 장애인 관람객들을 위해 장애인 차량을 운영하는 비영리 단체에 기부하기도 합니다. 노인 문제에 관심이 많은 사람이 독거노인들을 위한 시설에 기부하고, 청소년 분야에 관심이 많은 사람이 청소년 교육 프로그램 운영사업에 기부를 하기도 합니다. 이렇게 자신이 관심을 가지고 의미를 부여하는 대상과 활동을 위해 기부하며, 사회적인 가치를 키우고 나누는 행동에 큰 보람을 느낄 수 있습니다.

공명심(功名心)과 사회적 경력

기부 동기 중 너무 속 보이는 이유일까요? 하지만 현실적이며 매우 중요한 동기 중 하나입니다. 때로는 기부자에게 기부를 지속할 수 있는 힘을 주기도 합니다. 사람들은 훌륭한 기부 활동에 큰 박수를 보냅니다. 그리고 기부자는 그런 격려에 큰 힘을 얻습니다. 이런 칭찬들이 모여 기부자가 기부에 더 큰 가치를 부여하게 되고, 기부 활동을 지속적으로 이어갈 수 있는 원동력이 되기도 합니다. 또 기부 활동이 쌓이면 사회적 경력이 되기도 합니다. 오랜 세월 동안 꾸준히 기부 활동을 이어온 것에 대해 사회적으로 인정받아 표창과 훈장을 받기도 합니다. 기부 동기가 이와 같은 공명심에서 생겨났다 하더라도 기부 행위 자체는 마땅히 존중받아야 합니다. 기부 과정에서 자연스럽게 경험하게 되는 사회에 대한 책임감과 보람은 기부자를 단순히 공명심에 눈먼 기회주의자로 내버려 두지 않을 것이기 때문입니다. 오히려 더 큰 차원의 기부로 이끌어 줄 것입니다.

종교적 신념

종교적 신념에 따라 종교 시설이나 종교 단체가 설립한 모금 단체에 기부하는 사람도 많습니다. 여러 종교에서 인간에 대한 사랑을 기본적인 교리로 삼고 있습니다. 따라서 자신이 가진 종교적 신념이 기부라는 행동을 통해서 더 확산되길 기대하는 마음에 기부를 하기도 합니다. 실제로 한국 사회에는 종교 단체를 중심으로 설립돼 운영되는 기부금 모금 단체들이 많이 있습니다. 하지만, 인지도가 높고 신뢰성이 높은 대형 기관일수록 사업의 운영에 있어서는 종교적 차별점과 색채를 배제하는 곳이 많습니다. 이 책에서도 모금 기관들에 대한 정보를 제공할 때 종교적 성향이 아닌 사업 분야에 대한 정보 제공에 초점을 맞추었습니다.

기부상식

절세를 위해 기부를 한다?

기부를 하면 절세 효과가 있다는 말을 들어본 적이 있을 것입니다. 유명인이나 기업에서 기부를 했다는 기사를 접하면, 순수한 목적의 기부보다는 절세를 하기 위한 수단으로 해석하는 사람들이 많습니다. 어차피 소득에 대해 세금으로 낼 돈을 기부함으로써 비용 처리도 하고 좋은 일을 했다며 생색도 낸다는 것입니다. 물론 기부 활동을 통해 이미지 개선과 홍보 효과 같은 무형적 이익이 생겨날 수 있습니다. 하지만 과연 기부를 통해 당장의 경제적인 이득을 얻을 수 있을까요?

그렇지 않습니다. 개인이나 기업(법인)이 기부한 금액 전부에 대해 세액공제가 되지 않습니다. 예를 들어, 20%의 소득세율 구간에 속한 사람은 소득 100만 원에 대해 세금을 내고 80만 원이 남게 됩니다. 100만 원을 기부한 사람은 세액 공제율 15%를 적용받아 15만 원만 세금에서 돌려받습니다. 다시 말해 기부자는 85만 원을 기부한 것입니다. 이 경우 기부하지 않은 사람에게는 80만 원이 남고, 기부한 사람에게는 15만 원만 남으니, 금전적으로만 본다면 기부를 한 사람이 더 큰 비용을 지불한 셈입니다. 즉 기부를 통해 금전적 이익을 취한다는 것은 거의 불가능합니다.

사실 절세라는 표현보다 기부금 중 일부를 세금에서 공제받았다는 표현이 정확한 표현입니다. 예외적으로 정치 기부금에 대해서는 연간 10만 원까지 전액 세액 공제 받을 수 있습니다. 이 경우에는 세금으로 10만 원을 낼 바에야 자신이 지지하는 정치인에게 10만 원 기부했다고 말할 수 있습니다.

누군가가 기부했다는 소식을 접했을 때 색안경을 끼고 의심하기보다 그 행동에 대해 격려와 박수를 보낼 수 있는 건강한 사회가 됐으면 좋겠습니다.

기부 경험

나의 첫 기부

2000년 군 복무 시절, 저의 첫 기부가 시작됐습니다. 당시 군에서 받는 월급은 1만 원 정도밖에 되지 않았습니다. 적은 돈이었지만 덕분에 PX(군대 내 매점)에서 각종 냉동식품과 과자를 사 먹는 즐거움은 정말 컸습니다. 그러던 어느 날 행정 업무로 찾아간 군사우체국에서 정기적금 모집 광고를 보게 됐습니다. 처음에는 정기적금을 들어볼까 했지만, 이내 생각이 바뀌었습니다.

'얼마 안 되는 돈이지만 나 스스로를 위해 쓰기보다 다른 사람을 위해서 쓰는 건 어떨까? 마치 정기적금처럼, 어려운 사람을 돕는 데 매월 기부를 한다면, 그것도 나라에서 받는 돈으로 기부를 한다면 좀 더 뜻깊은 군 생활이 되지 않을까?'

문득 떠오른 생각이었지만, 저는 자라나는 아이들을 도와주고 싶다는 생각이 들었습니다. 그리고 실제로 어려운 아동을 후원하는 첫 기부를 시작하게 됐습니다. 당시 군에서 받았던 월급이 모금 기관에서 정한 월 기부 금액에 모자랐기 때문에 대학생 때 모아놓은 돈을 더해 정기 기부를 시작했습니다. 후원을 시작한 후에는 휴가를 나와 바로 후원 아동을 만나러 복지기관을 방문했습니다. 저는 아직도 당시 제가 후원했던 아이가 보내준 감사 편지, 함께 만나 밥 먹고 이야기했던 일, 저의 조그마한 도움에도 고마워하던 아이의 얼굴이 기억 속에 남아 있습니다. 20여년이 지난 지금도 저는 여전히 같은 프로그램을 후원하고 있고 세 번째 아이와의 인연을 이어가고 있습니다.

누구에게나 기부와 첫 인연을 맺게 되는 다양한 계기와 동기가 있습니다. 우리 삶의 이야기가 모두 다르듯, 기부의 이야기도 모두 다를 것입니다. 하지만, 우리 모두가 기부 이야기의 주인공이라는 점만큼은 변하지 않습니다.

우리가 기부에서 얻을 수 있는 것들

기부는 개인적 차원에서 느낄 수 있는 작은 보람에서부터 사회적 안정성을 높이는 데에 이르기까지 폭넓은 효과를 기대할 수 있습니다. 또한 기부 활동에 다양한 동기가 존재하듯 기부금이 어디에 어떻게 쓰이는지에 따라 기능과 효과도 다양합니다.

| 사회적 차원 |

사회 안전망·희망 제공

누구나 살아가면서 예기치 못한 경제적·사회적 어려움에 빠질 수 있습니다. 갑작스러운 사고와 질병, 직장의 상실과 소득의 감소, 문화적 괴리에 따른 사회적 소외감 등 다양한 이유로 고통을 겪기도 합니다. 그럴 때마다 눈앞의 난관을 꿋꿋하게 극복하며 일어날 수 있었던 원동력은 무엇일까요. 물론 자신의 노력이 가장 컸겠지만, 되돌아보면 국가와 사회로부터의 도움이 없었다면 어려웠을 것입니다.

국민들이 어려울 때 정부에서 주도적으로 시행하는 기초생활 수급제도와 같은 공공부조, 4대 보험과 같은 사회보험에서 도움의 손길을 내밉니다. 국가의 노력만으로 국민을 지켜줄 수 있다면 좋겠지만 부족한 것이 현실입니다. 이때 민간 영역의 기부가 위기에 빠진 사람들에게 희망의 끈을 이어주는 소중한 재원이 됩니다. 그리고 이를 기반으로 조성된 사회안전망이 우리 사회를 떠받치고 있어, 평소에 우리가 안정적으로 생활할 수 있는 환경이 마련되는 것입니다. 이처럼 한 사람 한 사람의 기부가 모여, 우리 모두를 위한 울타리를 만드는 것입니다. 그리고 그 울타리는 다른 사람들을 위한 것일 뿐만 아니라 결국 기부자 자신을 위한 것이기도 합니다.

복지의 사각지대 해소

현대 국가에서 복지는 보편적인 제도로 자리 잡았습니다. 그러나 공적 영역에서 시행되는 복지사업은 예산·인력·시스템의 한계로 인해 효율성을 강조할 수밖에 없습니다. 자연히 적극적인 수혜 대상자의 발굴이나 관리에 어려움이 따릅니다. 그래서 '송파 세 모녀 사건'처럼 실제로는 어려운 형편임에도 불구하고 행정적 요건을 충족하지 못해 비극적인 선택을 하게 되는 안타까운 사례가 생겨나기도 합니다. 민간 영역, 즉 일반인들의 기부금은 공적 영역이 채우지 못하는 공백을 메워 안타까운 현실을 줄이는 데 기여하고 있습니다.

다양하고 창의적인 복지 프로그램의 개발

우리 주변에는 민간단체에서 진행하고 있는 복지사업이 의외로 많습니다. 지역마다 운영되고 있는 종합사회복지관들도 운영 주체가 민간인 경우가 많습니다. 또한 유명한 모금 기관들도 민간에서 설립한 것들이 많습니다. 이러한 기관들은 공공기관에 비해 지역 사회와 특정 대상에 특화된 프로그램을 개발하고 적용할 수 있는 유연성이 높습니다. 민간 영역이라는 특성상 경쟁을 통해 사업 선정 기회를 잡고, 기부자들의 눈높이에 맞는 프로그램 개발을 통해 모금액을 늘리기 위해 노력할 수밖에 없기 때문입니다. 즉 민간 영역을 통한 기부는 창의적이고 효과적인 복지 프로그램 개발을 촉진하고, 나아가 경쟁을 통한 민간 모금 단체 운영의 효율성까지 이끌어 내는 데 기여하고 있습니다.

사회 제도의 발전과 문화적 수준의 증진

기부 영역이 자선이라는 동기를 벗어나 다양한 분야의 가치를 증진시키는 자원으로 활용되는 경우도 많습니다. 주로 자신이 좋아하는 분야의 발전을 위해 기부에 동참하는 것이 대표적이죠. 음악 애호가라면 공연장 시설 개선을 위해 의자를 기부하기도 하고, 박물관을 즐겨 찾는 사람이라면 해외 유명 박물관에 한국어 안내서를 기부하기도 합니다. 모교 후배들을 위해 도서관 시설 개선 사업에 동참하기도 합니다. 이러한 기부 활동을 통해 지역 사회의 문화시설과 법규, 프로그램의 발전에 자연스레 기여하게 됩니다. 그리고 이러한 시설과 프로그램들이 주위의 어려운 이웃들을 위한 프로그램으로도 활용되는 것은 당연합니다. 결국 향상된 문화적 역량은 계층의 범주를 넘어 우리 사회 모든 구성원들을 위한 자원으로 활용될 것입니다. 앞으로 이러한 영역은 더욱 넓어질 것이고, 그에 따른 기부의 영역도 더욱 확대될 것이라 생각합니다.

국가 이미지 제고

기부 대상은 국내로 한정되지 않습니다. 세계화 시대 속에서 인터넷을 비롯한 다양한 매체가 발달하면서 전 세계의 소식들을 실시간으로 접할 수 있습니다. 네팔과 아이티 지진 사태에 따른 긴급 구호물자 마련 기금 모금활동, 에티오피아 어린이들의 교육과 성장 과정을 지원하는 정기 기부 약정과 같은 도움의 손길이 대한민국이라는 이름과 함께 전달되고 있습니다. 자연스럽게 한국의 문화적 역량도 전 세계에 함께 전파됩니다. 해외를 대상으로 하는 기부 프로그램의 참여자 한 분 한 분이 민간 외교관인 셈입니다.

| 개인적 차원 |

남을 돕는 데서 오는 행복감

지하철역에서 만난 구세군 냄비에 기부금을 넣어본 사람들은 모두 경험했을 것입니다. 명확하게 표현하기 어려운 느낌이 있습니다. 한편으로는 부끄럽고, 다른 한편으로는 마음이 뿌듯해지고 따뜻해지는 느낌 말입니다. 2015년 기빙코리아(Giving Korea)에서 조사한 한국인의 개인 기부 실태조사에 따르면 '기부를 하게 된 가장 중요한 이유'로 '남을 돕는 것이 행복해서'가 두 번째로 높았습니다. 왜 그럴까요? 남을 돕고 나서 며칠이나 몇 주 동안 지속되는 심리적 포만감인 '헬퍼스 하이(Helper's High)' 효과라고 보는 견해도 있습니다. 기부 행동을 통해 혈압과 콜레스테롤 수치가 내려가고 엔도르핀 분비가 정상치의 3배 이상 올라가 행복감을 느끼게 된다고 합니다. 기부가 가져다주는 행복감의 원인이 무엇인지를 떠나 모두 직접 경험해보면 좋겠습니다. 다만, 억지로 하는 기부, 무리가 가는 기부를 한다면 이런 행복감을 느끼긴 어렵겠죠.

기부 성과로부터 오는 성취감과 보람

기부로 인해 얻는 조건 없는 효능은 기부하는 순간뿐만 아니라 기부의 결과로 얻는 성취감과 보람으로도 이어집니다. 자신이 후원한 어린아이가 사회에 필요한 일꾼으로 성장하고, 오지 마을에 마련해준 우물이 많은 사람의 질병을 예방했다는 소식을 접할 때면 자신의 기부 성과로부터 큰 보람을 느낍니다.

기부 자체에만 관심을 가질 것이 아니라 기부 재원으로 운영되는 프로그램과 성과에 대해서도 관심을 가져야 합니다. 기부도 나와 우리 모두의 미래를 위한 투자입니다. 좋은 투자 성과를 내기 위해 종목을 선정하고, 전략을 세우고, 성과도 분석하는 과정이 필요합니다. 신뢰할 수 있는 모금 단체를 선정하고, 자신에게 맞는 후원 프로그램을 정하고, 성과에 대한 분석에 따라 전략을 수정할 수도 있습니다. 단 일반 투자와는 분명한 차이점이 있습니다. 기부자에게 돌아오는 금전적 결과는 언제나 마이너스이지만, 그 사회적 성과는 반드시 플러스라는 것입니다.

사회적 소속감에서 오는 활력

대한민국 국민이라면 영국 프리미어리그에서 활약하고 있는 손흥민 선수가 골을 넣으면 누구나 환호합니다. 자신이 상을 받는 것도 아닌데 왜 그럴까요? 그것은 대한민국 국민이라는 소속감 때문입니다. 그래서 우리나라 사람이 세계적으로 큰 업적을 달성하면 자랑스러워하고, 반대로 해외에서 추태를 부리는 장면을 보면 부끄러워하고 심지어 화를 내기도 합니다.

기부는 자신이 속한 사회에 대한 소속감을 강화시켜주는 역할을 합니다. 이러한 소속감은 나라는 사람의 존재와 자긍심을 높여줍니다. 따라서 기부의 대상을 남으로 한정 지을 것이 아니라 우리라고 인식해야 합니다. 공동체 발전을 위한 고민과 생각을 통해 나의 역할을 인식할수록 우리는 사회에서 소외되고 외로운 존재로 남지 않게 될 것입니다. 그리고 사회에 속한 개인들이 당당한 구성원으로서의 주인의식을 가지게 될 것입니다. 그만큼 기부는 건강한 시민으로 살 수 있게 활력을 불어넣어 주는 윤활유 같은 역할을 합니다.

사회적 존경

많은 사람들이 마이크로소프트(Microsoft)사에서 만든 윈도 프로그램이 깔려 있는 컴퓨터를 사용하고 있습니다. 그리고 누구나 마이크로소프트의 창업자가 빌 게이츠라는 사실도 알고 있습니다. 빌 게이츠가 존경을 받는 이유는 정보기술(IT)의 혁신에 기여한 점도 있지만, 그가 자선사업가라는 점입니다. 각종 질병 치료를 위한 백신과 치료제 개발 기금을 조성하고, 인터넷과 컴퓨터 보급에도 힘쓰고 있습니다. 돈이 많은 부자니까 기부할 수 있는 것이라고 생각할 수도 있습니다. 하지만 우리 주변에는 평생 콩나물을 팔아 모은 돈을 장학금으로 기부한 임순득 할머니와 같은 분들도 계십니다.

사람들은 기부자들에게 존경의 마음을 담아 박수를 보냅니다. 보건복지부에서는 '나눔국민대상'을 수여하고, 국세청에서는 '아름다운 납세자'로 선정해 공식적으로 기부자의 뜻을 기리기도 합니다. 꾸준하고 의미 있는 기부활동을 통해 여러분의 삶과 세상을 아름답게 가꾸어 나가길 권합니다. 이를 통해 여러분들도 존경받는 기부자가 될 수 있습니다.

기부 상식

기부가 건강에도 도움이 될까요?

'마더 테레사 효과' 또는 '슈바이처 효과'라고 들어보셨나요. 기부가 기부자의 건강에 도움이 된다는 견해를 설명하는 용어입니다. 1998년 미국 하버드대학교 의과대학에서 시행한 연구 결과에 따르면 봉사에 평생을 바친 테레사 수녀처럼 남을 위해 봉사활동을 하거나 심지어 선한 일을 보기만 해도 인체의 면역 기능이 크게 향상된다고 합니다.

또 2014년 뉴욕주립대 올버니캠퍼스의 바리시 유룩(Barış K. Yörük) 교수의 연구 결과에 따르면 성별 · 인종 · 결혼 유무 등을 불문하고 기부액이 증가하면 기부자의 건강에 도움이 된다고 합니다.

기부에 대한 계획, 프로그램에 대한 고민, 성과에 대한 기대 과정이 기부자의 건강에도 긍정적인 효과를 줄 수 있다는 뜻입니다.

우리 사회는 얼마나 기부하고 있을까?

한국 사회의 기부 참여율에 대해서 살펴볼까요? 통계청에서는 삶의 질과 관련된 국민의 관심사와 주관적 의식 수준을 파악하기 위해서 사회조사를 실시하고 있습니다. 기부 참여율과 관련된 내용은 복지·사회참여·문화와 여가·소득과 소비·노동 영역에서 전국 25,000여 가구를 대상으로 2년마다 조사를 실시하고 있습니다. 통계청 사회조사 결과에서 나타난 한국 시민의 기부 참여율을 살펴보겠습니다.

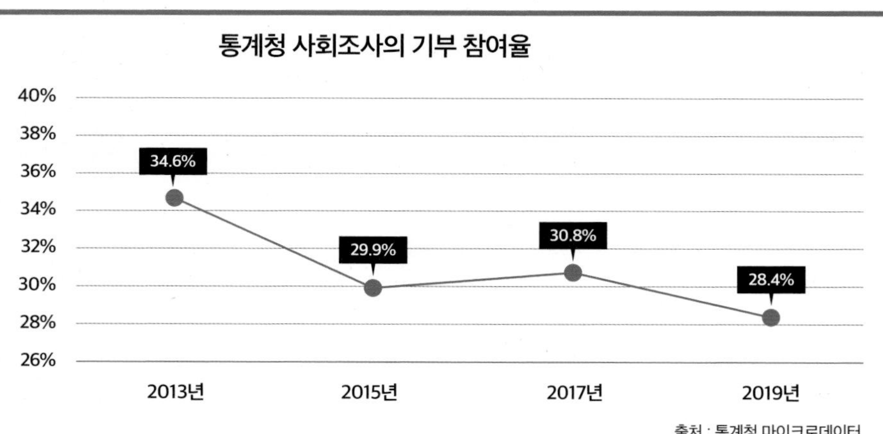

통계청 사회조사의 설문 내용은 다음과 같습니다. "귀하가 지난 1년 동안(2016. 5. 16.~2017. 5. 15.) 기부하신 현금(후원금)을 기부 경로별로 총 '횟수'와 '금액'을 써넣으시고, 물품(음식, 옷, 장난감, 책 등)을 기부한 총 '횟수'를 써넣어주십시오." 여기서도 종교 단체의 헌금과 보시는 제외됩니다. 2013년부터 2019년까지 총 4회의 평균적인 기부 참여율은 30.9%로 나타나고 있습니다.

다음으로 한국조세재정연구원에서 진행하고 있는 재정패널 자료를 통해서 기부 참여율을 살펴보겠습니다. 먼저 '패널'의 의미에 대한 이해가 필요합니다. 패널 조사(panel survey)는 설문 대상을 정해놓고, 동일한 질문을 반복적으로 측정하는 조사입니다. 즉 2018년에 조사에 응했다면 2019년과 2020년에도 조사에 응하는 방식입니다. 패널 조사는 조사 대상의 변화를 효과적으로 관찰할 수 있지만 일반 조사보다 비용이 많이 듭니다. 재정패널의 경우 개인 단위가 아니라 가구 단위의 기부를 조사하고 있습

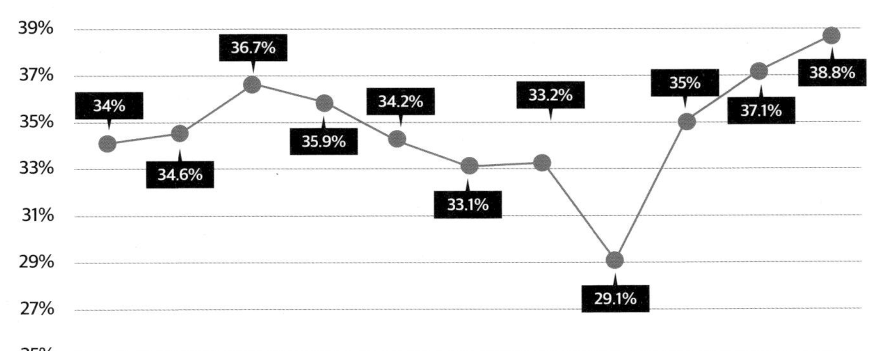

출처 : 한국조세재정연구원 재정패널 자료

니다.

대부분 통계청에서 내놓은 한국 시민의 기부 참여율과 유사한 결과를 보여줍니다. 물론 조사 및 분석의 대상이 가구이기 때문에 개인을 대상으로 하는 결과와 직접적으로 비교하는 것은 무리가 있습니다. 재정패널의 2008년부터 2018년까지 총 11회의 평균적인 기부 참여율은 34.7%로 통계청 사회조사의 결과와 유사하게 나타납니다. 조사 대상과 방법에 따라 결과에 다소 차이가 있지만 일반적으로 한국의 기부 참여율은 30~40% 사이라고 설명할 수 있습니다.

마지막으로 아름다운재단에서 기빙코리아라는 조사를 실시하고 있습니다. 기빙코리아는 아름다운재단 내 기부문화연구소가 설치되면서 시작

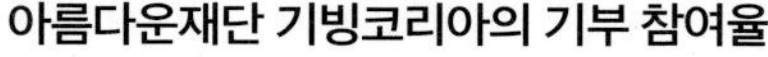

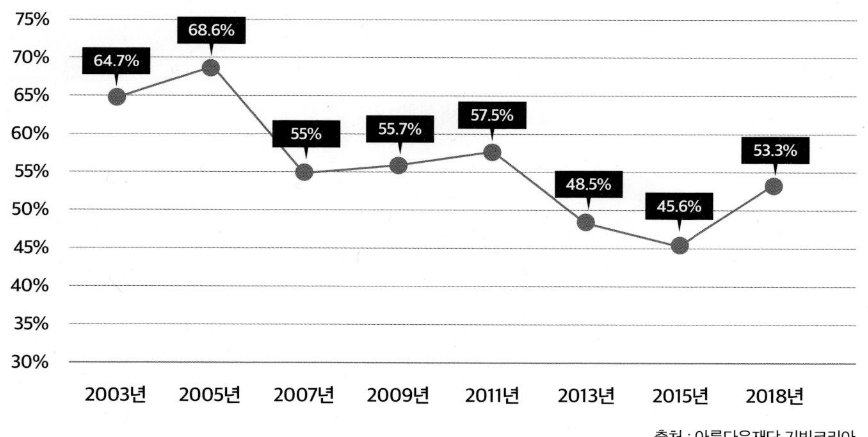

출처 : 아름다운재단 기빙코리아

된 조사의 명칭입니다. 또한 정부나 공공기관이 아닌 민간 재단이 주체가 돼 조사하는 자료라는 점에서 의미가 있습니다. 시민의 기부 행동과 기업 및 공공기관의 기부 행동에 대한 조사를 격년으로 시행하고 있습니다. 주로 여론조사 전문기관을 통해 1,000명 정도의 대상자에게 대면 조사방식으로 조사를 실시하고 있습니다. 해당 홈페이지에 접속하면 기빙코리아의 연도별 보고서를 무료로 받으실 수 있습니다. 조사한 원자료도 신청자에 한해 무료로 제공합니다.

기빙코리아에서 기부 금액을 조사하기 위한 질문은 다음과 같습니다. "작년 한 해 동안 물품을 제외한 금전(현금·계좌이체·신용카드)을 어느 분야에, 얼마만큼 기부하셨습니까? 각 분야에 1년 동안 기부한 금액을 합해 응답해주십시오. 단, 종교적 헌금 및 보시는 제외합니다." 마찬가지로 종교적 헌금과 보시를 제외한 자선적 기부에 초점을 두고 기부 금액을 조사하고 있습니다.

기빙코리아의 2003년부터 2018년까지 총 8회의 평균적인 기부 참여율은 56.1%로 보고되고 있습니다. 대한민국 국민의 절반 이상이 기부에 참여하고 있는 것이죠. 통계청 자료와는 약간의 차이가 있습니다. 학문적으로는 이러한 차이에 대해 조사 방식과 설문 문항의 차이에 따라 다르게 나타날 수 있다고 설명합니다.

기부 규모

한국가이드스타에서 국세청 공시자료 데이터를 분석한 결과에 따르면

2018년 개인과 기업으로부터 공익 법인이 받은 총 기부금은 6조 3,472억 원이라고 합니다. 2018년 6조 4,851억 원에 비해 1,379억 원 감소한 규모였습니다.

2014년 사회복지공동모금회(현 사랑의 열매)에서 연구한 결과를 소개해 드리고자 합니다. 2013년 기준으로 추계된 총 민간 자원 규모는 약 7조 9,916억 원으로 보고됐습니다. 세부적으로 개인의 기부 규모는 약 3조 6,897억 원, 기업의 기부 규모는 약 3조 263억 원으로 추계됐습니다. 또한 자원봉사의 금전적 가치(최저임금 기준으로 환산)는 약 1조 2,756억 원으로 추계됐습니다. 민간 복지 자원의 규모는 정부의 복지예산(2014년 기준 38조 원)의 5분의 1이 넘는 규모입니다.

구분		추계량(원)	비고
개인	기부 규모(추계)	약 3조 6,897억 원	
	자원봉사 금전적 가치(추계)	약 1조 2,756억 원	최저임금 기준으로 환산
기업의 기부 규모(추계)		약 3조 263억 원	
총 규모		약 7조 9,916억 원	

출처 : 민간나눔자원 총량 추계 연구(사회복지공동모금회, 2014)

* 추계는 일부를 가지고 전체를 미루어 계산하는 방식을 의미합니다. 현재 국내의 기부 및 민간 자원에 대한 총량은 국세청의 자료를 가지고 파악하는 것이 어렵기 때문에 신뢰성을 확보한 기부 데이터를 중심으로 총량을 전문 연구자들이 산출한 것입니다.
* 보건복지부 소관 예산 및 기금운용계획에서 제시된 사회복지영역 정부의 재정 규모에서 제시된 규모입니다.
* 명확한 비교를 위해 동일한 연도의 자료를 활용하였습니다.

한국의 국제 기부 지수

마지막으로 국제적인 비교지표를 살펴보도록 할까요? 영국 런던에 본부를 두고 있는 CAF(Charities Aid Foundation)에서는 매년 국제 기부 지수(World Giving Index, WGI)를 조사해 발표하고 있습니다. 국제 기부 지수는 크게 아래의 세 가지 영역을 조사해 국가별 점수를 산출하고 이를 기반으로 순위를 제시하고 있습니다.

- 개인적 도움: 지난 한 달 동안 도움이 필요하거나 모르는 사람을 도와준 적이 있습니까?(Helped a stranger, or someone you didn't know who needed help?)
- 기부: 지난 한 달 동안 자선단체에 돈을 기부한 적이 있습니까?(Donated money to a charity?)
- 자원봉사: 지난 한 달 동안 단체를 통해 자원봉사를 한 적이 있습니까?(Volunteered your time to an organization?)

2019년에 10년간의 자료를 종합해 발표한 『CAF WORLD GIVING INDEX』에 따르면 10년 동안의 조사 결과를 종합한 결과 대한민국은 국제 기부 지수 32%로 57위에 위치하고 있었습니다. '개인적 도움'에서 43%로 78위, 기부에서는 34%로 38위, 자원봉사에서 20%로 53위로 보고됐습니다. CAF에서 실시한 설문의 문항이 지난 한 달간의 기부, 자원봉사, 개인적 도움을 묻는다는 점에서 일반 시민들의 기부 및 자원봉사 행동을 명확히 파악하기 어렵다는 단점이 있지만, 전 세계의 다양한 국가들의 결과를 비교해볼 수 있다는 점에서 흥미로운 기준입니다. 참고로 10년 간 국제 기부 지수에서 종합 1위는 미국, 2위는 미얀마, 3위는 뉴질랜드가 차지했습니다.

CAF의 2019 국제 기부 지수 보고서
출처 : CAF 홈페이지 (www.cafonline.org)

2장

기부 준비하기

◆

이번 장에서는 본격적으로 기부를
준비하는 단계를 소개하고자 합니다.
단순히 기부를 시작하는 분들을 포함해
기부 경험이 있는 분들이나
현재 꾸준히 기부를 하고 있는 분들이
앞으로 더 많은 가치와 의미를 찾기 위해
꼭 필요한 이야기를 담았습니다.

나만의
기부 철학 만들기

자신이 뜻한 바에 대해 철학을 가지고 행동하는 것은 매우 중요합니다. 철학이란 사전적으로 '인간과 세계에 대한 근본 원리와 삶의 본질 따위를 연구하는 학문'이라는 뜻과 '자신의 경험에서 얻은 인생관·세계관·신조 등을 이르는 말'로 정의되고 있습니다. 이 책에서 말하는 기부 철학은 두 번째 정의와 관련이 있습니다. 즉 기부 활동에 자신의 생각이 담겨 있어야 한다는 의미입니다.

기부 철학은 기부 생활을 이끌어주는 등대 같은 역할을 합니다. 기부자가 기부에 대한 자신만의 철학을 세울 수 있다면 명확한 동기를 가지고 목적지를 향해 나아갈 수 있습니다. 기부 활동에 따른 다양한 결과 앞에서도 흔들리지 않고, 일관성을 지켜나갈 수 있을 것입니다. 그에 따른 보람과 감동도 더 크게 나타날 것입니다. 기부 철학을 마련할 때 고려해야 할 것들을 살펴보도록 하겠습니다.

- 명확성: 나에게 의미 있는 기부인가
- 안정성: 편안한 기부인가
- 지속성: 꾸준한 기부인가
- 공감성: 함께하는 기부인가
- 교감성: 소통하는 기부인가

사람마다 생각이 모두 다르듯 기부자마다 모두 다른 기부 철학을 갖게 될 것입니다. 위 항목들은 기부 철학을 만들기 전에 기부자가 생각해볼 수 있는 원칙들입니다. 가능하다면 다음의 원칙들을 참고해 자신만의 독특한 기부 철학을 만들어 나갔으면 합니다.

명확성: 의미 있는 기부

언제나 기부의 목적과 대상을 명확히 밝혀야 합니다. 자신이 기부를 통해 무엇을 원하고 어떤 상황을 원하는지 스스로 명확하게 알고 있어야 한다는 의미입니다. 연말 모임 등에 나갔는데 사전에 논의도 없던 갑작스러운 기부 참여를 독려 받고 당황했던 경험이 모두들 한두 번씩 있을 겁니다. 물론 좋은 일에 동참하는 것이지만 이 같은 경우엔 마지못해 기부금을 내면서 별로 유쾌한 기분을 느끼지 못할 때가 많습니다. 그리고 시간이 흐른 뒤에는 어떤 곳에, 왜 기부했었는지조차 잘 기억이 나질 않습니다. 내가 주도적으로 설계한 기부가 아니었기 때문입니다. 기부가 나에게 어떤 의미인지, 어떤 대상을 어떻게 도울 것인지, 자신의 소중한 기부금을 효율적으로 집행할 수 있는 기관이 어디인지 고민을 해야 하는 이유가 바로 이것입니다. 그렇지 않은 기부는 보람을 느끼기가 쉽지 않습니다.

안정성: 편안한 기부

자신의 경제적인 상황에 맞는 기부를 해야 합니다. 쪼들리는 생활에 스트레스를 받아가며 기부를 하는 것은 바람직하지 않습니다. 기부 금액을 무리하게 설정해 일상생활이 흔들린다면 기부의 즐거움을 얻기 어렵습니다. 만약 경제상황이 어려워졌다면 기부 금액을 줄이도록 해야 합니다. 기부의 가치는 기부의 규모와 반드시 일치하지 않습니다. 작은 기부를 하더라도 기부의 뜻을 잊지 않는 것이 더욱 중요합니다.

지속성: 꾸준한 기부

기부 활동은 기부금의 전달만으로 끝나지 않습니다. 동기·목적·대상·모금 기관을 살피는 것부터 기부 대상자와의 교류, 모금 기관과의 성과 공유에 이르기까지 끊임없이 이어지는 과정이 모두 기부 활동입니다. 또한 과정과 성과를 직접 챙기고 이를 바탕으로 다시 기부 철학을 다듬어 나가면서 나만의 보람을 찾아가는 일입니다. 물론 일회성 기부를 통해서도 보람과 가치를 만들어나갈 수 있지만, 지속적인 기부 활동을 통해 기부 대상자와 함께 성장해나가는 감동적인 이야기를 경험하기는 쉽지 않습니다. 그리고 이러한 과정 속에서 나의 기부 철학도 다듬어질 수 있습니다.

공감성 : 함께하는 기부

혼자 하는 기부가 아닌, 가족, 친구 그리고 지역사회와 함께 하는 기부라면 어떨까요? 나의 기부 생활에 대해 알리고, 기부에 대해 함께 이야기하면서 다른 사람들의 공감을 이끌어 내는 것입니다. 이 같은 노력으로 인해 당신의 기부활동에 동참하는 사람들도 생길 수 있습니다. 적어도 그들로부터 들려오는 따뜻한 격려의 말은 분명 기부 생활의 활력소가 될 것입니다. 그리고 당신의 기부 생활은 외롭지 않을 것입니다. 또한 나의 기부에 대한 다른 사람들의 의견을 들을 수 있어, 나의 기부 생활을 되돌아보고 발전시킬 기회를 가질 수 있습니다.

교감성 : 소통하는 기부

나의 기부로 도움을 받는 수혜자와 조직과 그리고 그들을 이어주는 모금기관의 담당자들과 소통하기를 권합니다. 기부는 단순히 자원의 일방적인 전달 행위가 아닙니다. 그 뜻이 전달되고 그 과정과 결과가 다시 기부자에게 돌아왔을 때 진정한 기부의 한 주기가 완성되는 것입니다. 머릿속에 맴도는 기부가 되어서는 안 됩니다. 가슴으로 직접 느끼는 기부가 되어야 합니다. 소통을 통해 서로를 이해하는 과정에서 기부가 서류적인 행위에서 벗어나 인간미 넘치는 나와 사회의 교감으로 승화될 것입니다. 소통의 과정은 당신의 삶에서 가슴 벅찬 경험을 만들어 줄 것입니다. 그리고 진정한 나의 기부 이야기가 만들어질 것입니다.

기부 철학을 세우는 가장 쉬운 방법

만약 기부 철학을 세우기가 어렵다면 너무 어렵게 생각하고 있는 것은 아닌지 점검해보길 바랍니다. 기부 철학에는 앞서 소개한 원칙들 이외에도 기부자 자신만의 다양한 생각과 관점이 추가될 수 있습니다.

먼저 기부 철학을 정립할 때 스스로를 너무 도덕적인 존재로 규정할 필요가 없습니다. 기부는 무겁고 어려운 활동도, 의무도 아닙니다. 자발적인 사회 참여 활동입니다. 기부 철학이라는 말이 거창하게 들릴 뿐입니다. 결국 왜, 어떻게 기부를 해야 할지에 대한 자신만의 작은 생각이 있다면 기부 철학이 복잡할 필요도 없습니다.

다음으로 다양한 기부 관련 기관들을 검색해보는 것입니다. 사람들이 모두 대단한 철학을 세우고 살아가는 것처럼 보이지만, 사실 자신의 생활 속에서 보고 배운 경험의 집합체가 곧 철학입니다. 만약 기부에 대해 명확한 방향이 떠오르지 않는다면, 실제 기부 현장을 찾아가 경험하고 아이디어를 얻는 것도 좋은 방법입니다. 그 과정에서 다양한 대상과 프로그램 그리고 기부의 의의들을 살펴봄으로써 자신의 생각도 점점 구체화될 것입니다.

마지막으로 조급한 마음으로 기부 철학을 세울 필요가 없습니다. 기부 철학이 부족하고 미완성이라면 그대로 내버려두는 것도 좋은 방법입니다. 지금 당장 자신의 기부 철학이 완벽하고 고정되지 않은 것처럼 느껴져도 괜찮습니다. 기부 철학은 자신이 어떤 기부 경험을 하느냐에 따라 계속해서 다듬어지기 때문입니다.

기부 철학 만들기의 과정

철학이라고 하면 먼저 사색적이고 무거운 문구를 떠올립니다. 저는 개인적으로 기부 과정을 경험하면서 기부라는 단어에 대한 철학적 해석을 다음과 같이 내리고 있습니다.

"나 자신을 알아가고, 내가 꿈꾸는 세상을 찾아 떠나는 여정."

저는 기부를 하면서 나 자신이 어떤 것에 의미를 두는지, 그리고 어떠한 사회를 꿈꾸는지 하나하나 고민하게 됐기 때문입니다. 하지만, 기부 철학이 이처럼 기부에 대한 정의를 재해석하는 과정일 필요는 없습니다. 기부자가 바라는 목적과 대상, 방법 등을 하나씩 더해가며 기부 생활을 구상해나가는 것이 좋다고 생각합니다. 기부자의 생각을 구체적으로 표현해도 좋고, 보다 넓게 표현해도 무방합니다. 대상과 방법을 지정하지 않고, 목적만을 구상한 후 이에 맞는 기부 프로그램을 찾아도 해결될 수 있습니다. 기부 철학 자체가 너무 엄격할 필요도 없습니다. 다양한 기부를 포괄할 수 있는 기부 철학을 설정하는 것만으로도 의미가 있습니다. 다음은 제가 가지고 있는 구체적이고 실천적인 기부 철학을 소개하겠습니다. 그리고 그 기부 철학이 어떻게 도출되었고, 기부 프로그램으로 확대되었는지 그 과정에 대해서도 살펴보겠습니다.

실천적 기부 철학: '장애 청소년의 꿈과 희망'

저는 고등학교, 대학교 시절 학생회 활동을 하며, 청소년들에 대해 관심이 많았습니다. 장애인 시설 봉사 활동을 통해 장애인들의 이동권과 활동 제약의 문제를 인식할 수 있었습니다. 또 문화 공연과 스포츠에 대한 호기심도 있었고, 그 긍정적인 효과를 알았기에 장애 청소년의 활발한 활동에 기여하고 싶었습니다. 무엇보다 장애 청소년을 둔 가족들의 이해와 동참도 필요하다고 생각해 가족들과 함께 문화 공연과 스포츠 경기를 함께 관람할 수 있는 프로그램 개발에 힘을 쏟았습니다. 현재 법무부를 통해 '이상현의 장애 청소년 문화체육활동을 위한 공익신탁'이 세워졌고 이를 통해 기부 활동을 이어오고 있습니다. 공모를 통해 공연과 경기 관람을 위한 교통비, 식비, 관람비를 제공하고 있으며, 후기 선정을 통해 따뜻한 이야기도 널리 알리고 있습니다.

기부 철학 도출과 기부 프로그램으로 확대하기

- 1단계: 청소년
- 2단계: 장애 청소년
- 3단계: 장애 청소년에게 꿈과 희망을 제공
- 4단계: 문화 공연과 스포츠 경기 관람 기회를 통해 장애 청소년에게 꿈과 희망을 제공
- 5단계: 장애 청소년들에게 문화 공연과 스포츠 경기 관람 기회를 제공해 누구와도 다름 없는 하나의 공동체 구성원이 돼 함께 느끼고 응원함으로써 적극적인 사회 활동의 동기를 마련, 꿈과 목표를 세우는 데 이바지하고자 함

위의 이야기를 한마디로 요약하면 '장애 청소년의 꿈과 희망'이라는 기부 철학으로 표현할 수 있습니다. 결국 기부 철학을 중심으로 세부적인 방향과 방법들을 더해 구체적인 프로그램으로 발전시켰습니다. 이러한 과정 속에서 기부자의 경험과 생각들이 하나둘 모여 구체화되기 시작합니다. 즉 기부 철학의 재료들은 기부자 자신의 경험과 삶 속에 녹아 있습니다. 이제부터라도 자신이 소중하게 생각하거나 좋아하는 가치, 대상, 방법들을 적어보길 바랍니다. 한 문장, 심지어 의미 있는 몇 개의 단어만으로도 여러분의 기부 철학이 완성될 수 있습니다.

기부로 인해 생긴 가족들의 법적 소송

기부자 A씨는 자신이 모은 전 재산을 자선 기관에 유산으로 기부하겠다는 유언을 남기고 세상을 떠났습니다. 그런데 A씨에게는 유가족이 있었습니다. 일부 유가족은 고인의 유언에 동의하지 않았습니다. 유가족들 사이에서 고인의 뜻을 두고 다툼이 생겼고, 결국 유류분 소송을 제기하기에 이르렀습니다. 유류분 제도는 상속을 받는 사람이 상속을 하는 사람의 증여나 유언에 의한 상속재산 처분의 자유를 제한할 수 있는 권리를 말합니다. 즉 유류분 제도를 통해서 유가족들이 자신들의 상속분을 찾아가고자 한 것입니다. 유산을 기부 받은 자선 기관은 소송에 많은 에너지와 자원을 쏟을 수밖에 없었고, 결국 A씨가 생전에 협의한 사업도 진행할 수 없었습니다. A씨의 기부 동기는 좋았지만, 결국 가족 간에 분쟁을 일으키고, 본인의 명예까지 손상시켰습니다. 하지만, 이 같은 상황에 대해 유가족들만 탓할 수 있을까요? 만약 A씨가 유가족과 생전에 기부 철학을 공유하고, 유가족이 동의할 수 있는 기부를 실행했다면 상황은 많이 달라졌을 것입니다. 기부자 A씨의 아름다운 기부는 온전히 이루어질 수 있었을 것입니다. 이와 같은 상황은 주위에서 쉽게 찾아볼 수 있습니다. 가족들과 기부 철학을 공유하는 것이 얼마나 중요한지를 보여주는 단적인 예라고 할 수 있습니다.

기부 철학을 단단하게 만드는 방법 : 기부 철학의 공유

기부 철학은 기부의 의미를 더욱 빛나게 해줍니다. 그런데 기부 철학을 만드는 것만큼 주위 사람들과 나누고 공감을 얻는 것이 중요합니다. 물론 기부에 대한 의사결정은 본인이 하는 것이지만, 기부 철학이 충분히 공유되지 않아서 현실에서 발생할 수 있는 문제들도 있습니다. 반대로 기부 철학이 공유됐을 때 혼자만의 기부에서 함께하는 기부로 확대돼 나눔의 의미와 뜻을 널리 퍼뜨리고 기부를 통한 보람을 더 크게 느낄 수 있습니다.

| 가족 |

많은 사람이 가족과 평생을 살아갑니다. 가족은 사랑으로 맺어진 관계이자, 기쁨과 슬픔을 함께 나누며, 어려울 때 도움을 주고받는 가장 소중한 존재입니다. 자신이 가치 있게 생각하는 기부에 대한 생각을 가족들과 함께 나누며 사회적 가치를 만들어 나간다면 가족의 모습도 희망과 긍정의 에너지가 넘치는 모습으로 변해갈 것입니다.

배우자: 기부 생활의 든든한 동반자

결혼을 한 사람이라면 배우자와 함께 인생의 많은 결정을 내리게 됩니다. 그러한 결정들 중 기부도 포함돼 있습니다. 삶의 방향을 함께 설계하고, 실천하는 동반자에게 자신의 기부 철학을 공유하는 것은 필수라고 생각합니다. 배우자라면 자신의 생각을 어련히 잘 알아줄 것이라 생각하지만, 사실 가깝고 편한 사이일수록 자신의 생각을 명확하게 표현하고 설득하는 과정이 필요하기 때문입니다. 기부를 하기로 마음먹은 사람이라면 오랜 시간 많은 생각을 해왔을 것입니다. 하지만, 배우자 입장에서는 갑작스럽고 일방적인 행동으로 느껴질 수 있습니다. 만약 평소에도 기부 철학에 대한 고민을 털어놓고, 기부를 결정하는 선택의 순간에 진지하게 도움을 청한다면 배우자가 갑작스럽게 생각을 정리하지 않아도 됩니다. 그리고 배우자도 든든한 동반자로서 뿌듯함을 느끼며, 기부 생활에 동참할 것입니다.

기부 활동을 공유해야 하는 더 중요한 이유는 기부가 금전적인 지출을 수반하는 행위이기 때문입니다. 단순히 "이 정도 기부액은 문제가 없겠지?"라거나 "좋은 일에 쓴다는데 반대하지 않겠지?"라고 생각할 수도 있지만, 기부액에 대한 기회비용은 사람에 따라, 그리고 개인이 인식하는 대상과 효용에 따라 제각각일 수 있습니다. 반드시 배우자와 현실적인 경제 상황에 대해 논의를 거쳐야 합니다. 반드시 기부를 계획하기 전부터 기부 동기, 기대 효과, 사회에 대한 가치관을 전할 수 있는 기부 철학을 공유하고, 현실적인 문제를 진지하게 함께 고민하는 과정이 필요합니다.

부모님: 부모님을 기부 스토리의 주인공으로

기부 문화가 우리나라에서 지금처럼 대중적으로 퍼지기 시작한 것은 얼마 되지 않았습니다. 특히, 현재 자녀를 독립시킨 부모 세대의 경우, 경제적 어려움에서 벗어나기 위한 치열한 경제 활동, 자녀 교육 뒷바라지 등으로 기부 문화에 관심을 둘 겨를조차 없는 시대를 살아왔습니다. 하지만, 대부분 부모 세대가 우리 사회에 대한 고마움을 느끼며, 작은 힘이라도 보태려는 마음을 가지고 있습니다. 평생 힘들게 모아온 돈을 어려운 이웃을 위해 선뜻 내놓는 어르신들의 이야기들이 뉴스를 통해서 자주 알려지는 것만 봐도 그렇습니다.

부모님과 기부에 대해 대화를 나눠보기를 권합니다. 그리고 부모님이 생각하는 기부에 대한 이야기도 들어보길 바랍니다. 아마도 부모님들의 삶의 이야기가 담긴 기부 스토리를 만들어드릴 수 있을 것입니다. 부모님의 기부 스토리가 부모님을 한껏 활기차게 만들어드릴 겁니다. 어쩌면 부모님 스스로 사회사업가가 되신 것처럼 보람을 느끼실 겁니다. 만약 기부의 뜻은 있으나 형편이 안 된다면, 부모님을 위해 자식이 기부금을 마련하는 것도 멋진 일이라고 생각합니다. 기부 프로그램을 구상하며 나누는 대화를 통해 부모님과 나와의 관계도 더욱 돈독해지리라 생각합니다.

자녀와 나눔 교육: 나눔의 마음과 따뜻한 시선을 가진 아이로

세상의 모든 부모는 자녀가 따뜻한 마음을 간직하고 바르게 자라길 바랄 것입니다. 자녀들이 살아갈 세상도 지금보다 더 밝고, 이웃끼리 돕고 사는 사회가 되기를 희망할 것입니다. 이러한 부모 세대의 기대에 부응하기 위해 우리가 할 수 있는 일은 무엇일까요? 바로 자녀들에게 나눔의 정신을 알려주고 함께 실천하는 것입니다. 그리고 기부 철학을 공유하는 것이 자녀에게 나눔을 알려주는 가장 좋은 방법입니다. 배우자와 마찬가지로 기부 철학을 공유할 뿐만 아니라 함께 실천하는 것도 중요합니다. 아이들과 기부를 하면 무엇이 좋은지, 누구를 도울 수 있는지, 어떻게 기부할지에 대해 이야기를 나눠보면, 자신의 기부 철학이 가족의 기부 철학으로 확대될 것입니다. 그러면 자연스레 자녀들도 사회를 따뜻한 시선으로 바라볼 줄 아는 아이로 자랄 것입니다.

최근에는 학교에서도 나눔 교육이 이루어지고 있습니다. 학교 활동을 통해 나눔의 기회를 다양하게 접하도록 유도하는 것이죠. 자녀가 있는 분이라면 함께 기부 철학을 공유하고 이야기해보는 것이 큰 의미를 가질 수 있습니다. 자녀들이 부모의 기부 활동을 보고, 함께 실천하며 배울 수 있다면 사회의 기부 문화도 자연스럽게 형성될 것입니다. 사랑하는 아이와 의미 있는 기부를 함께 할 수 있다면 그 보람과 가치는 매우 클 것입니다. 아이와 함께하는 기부가 처음부터 거창할 필요는 없습니다. 연말에 아이와 함께 손잡고 구세군 자선냄비에 기부하는 것도 좋은 방법입니다. '쉬운 것부터 하나씩 기부하기'는 말 그대로 쉽게 시작하면 됩니다.

우리 아이가 놀이 같은 체험코너를 통해서도 나눔 활동의 개념을 배울 수 있습니다. 아이들이 직업 체험을 할 수 있는 키자니아라는 체험관이 있습니다. 그곳에서 아이들은 경찰관, 소방관, 법관 등이 되어 직업을 체험해볼 수 있고 다양한 간접 경험을 할 수 있습니다. 다양한 체험코너 중 유니세프(UNICEF)의 키자니아위원회도 들어와 있습니다. 다른 체험관과 마찬가지로 아이들은 유니세프 키자니아위원회의 직원이 돼볼 수 있습니다. 그리고 영양실조로 고통받는 어린이들을 위한 영양 치료식에 대해 교육받고, 어려움을 겪는 아이들에게 편지를 쓰는 등 다양한 체험을 할 수 있습니다. 아이들도 나눔을 직접 배우고 체험할 수 있다는 점에서 좋은 곳이라고 생각합니다. 이렇게 아이들과 함께 나눔을 배우고 실천하는 것도 기부 철학을 공유하는 하나의 과정입니다.

저도 아이와 함께 기부를 실천하기 위해 사랑의 열매(사회복지공동모금회)에서 조성하고 있는 '착한 가정' 캠페인 프로젝트에 참여했습니다. 이 프로젝트는 가족이 함께 뜻을 모아 기부하는 프로그램입니다. 프로그램

착한 가정 프로젝트(사회복지공동모금회)
가정 비치용 착한가정 인증 현판

기부 경험 나누기 **가족과 함께 하는 기부**

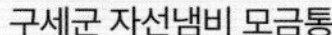
구세군 자선냄비 모금통

유니세프 키자니아위원회

에 참여하는 모든 과정에서 아이와 함께할 뿐만 아니라 기부의 목적과 취지에 대해서 설명하고 아이들의 의견도 들었습니다. 기부를 위해서 우리가 실천해야 하는 일들도 함께 이야기하는 시간을 가졌습니다. 그리고 아이들과 함께 집에서 음식 덜 남기기, 전기 아끼기, 물 아끼기 같은 절약을 함께 실천해 모은 돈으로 기부를 하자고 뜻을 모았습니다. 또 우리 가족의 기부 활동을 기념하기 위해 기관에서 받은 '나눔으로 함께 하는 집'이라는 스티커를 현관문에 부착했습니다.

| 지인 |

가족들과 마음이 맞는다면 함께 기부 활동을 해도 되겠지만, 멀리 떨어져 지내거나 기부에 대한 생각이 다를 수도 있습니다. 그럴 때는 주위의 친구나 지인들과 기부에 대한 생각을 나누는 것도 큰 활력소가 됩니다. 기부 철학을 공유하고 있는 사람들과의 교류는 또 다른 차원에서 도움이 됩니다.

우선 기부 활동이 외로운 활동이 되지 않습니다. 간혹 기부 대상이 저 멀리 떨어져 있어 일방적인 행위처럼 느껴질 때가 있습니다. 지인들과 기부에 대한 이야기를 나누면 그런 외로움이나 일방적인 느낌이 줄어들고 힘을 얻을 수 있습니다. 친구와의 수다가 꽉 막힌 마음을 뚫어주는 것처럼 말이죠. 그래서 평소 지인들에게 자신의 기부 생활에 대해 알리는 것이 좋다고 생각합니다. 잘난 척한다고 생각할까 봐 조심스러울 수 있지만, 자신의 관심 분야 중 하나에 대해 알린다는 마음으로 편안하게 생각하면 됩니다.

둘째, 기부에 대한 다양한 생각을 들을 수 있습니다. 이를 통해 자신의 기부 철학을 조율해나갈 수 있습니다. 기부 철학은 대체로 자신의 경험과 가치관에 바탕을 두고 있습니다. 하지만 다른 사람들과 이야기를 하다 보면 자신의 기부 철학을 다른 관점에서 바라보게 됩니다. 기부 활동 자체에 대해 방법론적 효용에 의문을 제기하기도 하고, 기부금 전달 체계의 문제점, 기부의 동기와 대상에 이르기까지 다양한 생각을 접하다 보면 원론적인 문제에서 세부적인 부분까지 미처 생각지 못했던 시각을 만날 수 있습니다. 그 과정을 통해 다시금 자신의 기부 철학을 돌아보고 다듬어 나가는 기회를 마련할 수 있는 것이죠.

셋째, 기부 문화를 전파하는 역할을 합니다. 아직까지 우리 사회에는 기부 문화가 깊게 뿌리내리지 못했습니다. 기부를 낯설게 바라볼 뿐만 아니라 올바른 정보도 부족한 것이 사실입니다. 하지만, 지인들과 함께 기부에 대해 솔직한 이야기들을 나누면 기부 생활에 대한 공감과 확산을 불러일으킬 수 있습니다. 직장 생활과 취미에 대해 친구들과 이야기하듯이 기부 생활에 대해 소개하고, 자연스럽게 기부를 통해 얻게 되는 보람을 소개해보세요. 여러분의 지인들이 기부 문화로 한 발짝 더 다가갈 수 있을 겁니다.

기부 전략의 중심은 언제나 기부 철학에서부터

지금까지 기부 철학을 만들고, 다듬는 과정을 살펴보았습니다. 앞으로는 기부 철학을 중심으로 기부 분야, 대상, 모금기관을 선정하고, 소통과 교류를 통한 점검 과정이 이어지게 됩니다. 그리고 이와 같은 일련의 과정들이 더해지며 복합적인 기부 전략이 짜여질 것입니다.

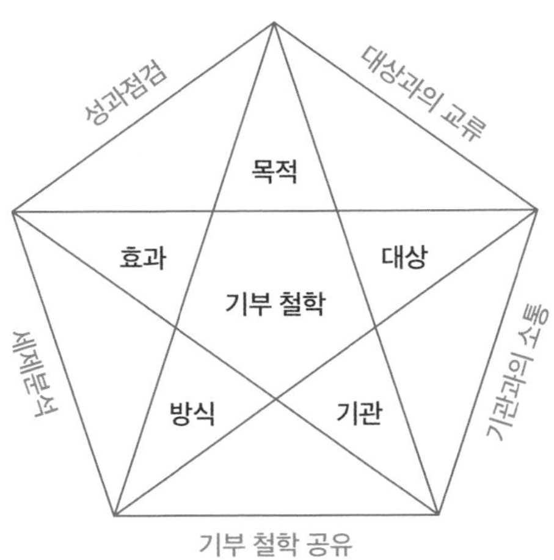

여러분이 명심할 점은 여러 선택의 과정에서 늘 자신의 기부 철학을 중심으로 삼아야 한다는 점입니다. 기부의 어느 특정 요소로 우리의 기부가 치우칠 때 중심을 잡아주는 역할을 하기 때문입니다. 나의 기부 생활 점검하기 부분이 끝나고 보다 자세히 다루도록 하겠습니다.

3장

기부,
아는 만큼 할 수 있다

◆

기부 활동을 설계하다 보면 생각보다
많은 갈래의 길들이 있다는 것을 알 수 있습니다.
어떤 영역에 기부할 것인지,
누구를 위해 기부할 것인지,
무엇을 전달할 것인지,
어떤 방식으로 기부할 것인지에 따라
기부 방법은 정말 다양해집니다.

기부를 향한 나의 이정표 세우기

기부 실행을 하기에 앞서 가장 먼저 자신에게 맞는 기부 방법을 찾아야 합니다. 보통 기부라고 하면 현금을 기부하는 것이 일반적입니다. 그러나 현금 이외에도 부동산 기부, 주식 기부, 포인트 기부 등 금전적으로 기부할 수 있는 다양한 방식이 존재합니다. 물론 비금전적 기부도 가능합니다.

금전적 기부	현금 기부 : 현금을 기부하는 것
	부동산 기부 : 주택, 토지, 상가, 전세금, 임대수익금 등을 기부하는 것
	주식 기부 : 주식 지분을 기부하는 것
	포인트 기부 : 신용카드 포인트를 기부하는 것
	외국 동전 기부 : 여행 후 남은 외국 동전을 기부하는 것
비금전적 기부	현물 및 물품 기부 : 옷, 식품과 같은 현물을 기부하는 것
	시간 및 재능 기부 : 자신의 시간과 재능을 기부하는 것
	생명 기부 : 헌혈, 장기 기증
	권리 기부 : 저작권, 공간의 소유권과 같은 자신의 권리를 기부하는 것

기타 기부	자선 경매 : 문화재, 예술품을 자선 경매를 통해 구매하는 것
	나눔 장터 : 중고물품 판매 수익을 기부하는 것

기부 방법을 선택했다면 언제 기부할지를 정해야 합니다. 재난 상황에 맞춰 기부할 수도 있고, 기념일을 더 의미 있게 만들기 위해 기부할 수도 있습니다. 매월 정기 기부를 실천할 수도 있습니다. 매년 생일마다 기부를 한다면, 기념일 기부도 1년 단위 정기 기부로 해석할 수 있으나, 여기서는 일반적인 정기 기부인 월 정기 기부를 정기 기부로 다루었습니다.

비정기적 기부	긴급구호 및 재난구호 기부 : 국가적 재난상황 때 기부하는 것
	기념일 기부 : 결혼기념일, 생일과 같은 기념일에 기부하는 것
	유산 기부 : 자신의 유산을 기부하거나 기부한다는 약정서를 쓰는 것
	기타 일회성 기부 : 연말에 구세군 자선냄비나 사랑의 열매에 기부하거나 편의점 동전함에 동전을 넣는 것과 같이 일회적으로 기부하는 것
정기적 기부	매월 정기적으로 기부 기관에 기부하는 것

기부 방법과 기부 시기를 정했다면, 기부금을 어떻게 전달할지도 결정해야 합니다. 최근에는 온라인을 통한 다양한 전달 방식이 등장했습니다.

ARS (자동응답시스템) 기부	모금 기관이 지정한 연락처에 전화를 걸면 자동으로 일정 금액이 기부되는 방식
문자 기부	모금 기관이 지정한 연락처에 문자를 보내면 자동으로 일정 금액이 기부되는 방식
온라인 기부	네이버 해피빈, 카카오 같이가치와 같은 온라인 사이트에 기부하는 방식
현장 기부	기부 파티와 같은 자선행사에서 기부하는 방식
CMS (cash management system) 기부	모금 기관에서 지정한 계좌번호로 기부금을 자동이체하는 방식
계좌이체 기부	모금 기관이 지정한 계좌번호로 기부금을 입금하는 방식
지로(OCR) 기부	모금 기관이 발행한 지로용지로 기부금을 납부하는 방식
신용카드 기부	신용카드 자동결제로 기부하는 방식

나에게 맞는 기부 규모도 정해야 합니다. 처음에는 소액 기부로 시작하는 것도 좋은 방법입니다. 나중에 더욱 규모를 키워 빌 게이츠처럼 사회 전체에 큰 영향을 미칠 수 있는 사업을 벌여 고액을 기부할 수도 있죠.

마지막으로 자신이 가치를 두고 있는 기부 영역과 자신에게 맞는 기부 기관, 즉 모금 기관을 찾아야 합니다. "요리하는 집을 소개하는 책도 있는데 의미 있는 기부를 하기 위한 모금 기관을 소개하는 책은 왜 없을까?" 제가 이 책을 쓰기 시작하게 된 동기도 바로 그런 이유 때문입니다. 그래서 이 책에는 모금 기관들의 비전과 미션 그리고 투명성을 점검하는 방법과 영역별 · 대상별 기부 기관들의 정보를 담고자 했습니다. 영역별, 대상별 기부 기관은 다음과 같이 분류될 수 있습니다.

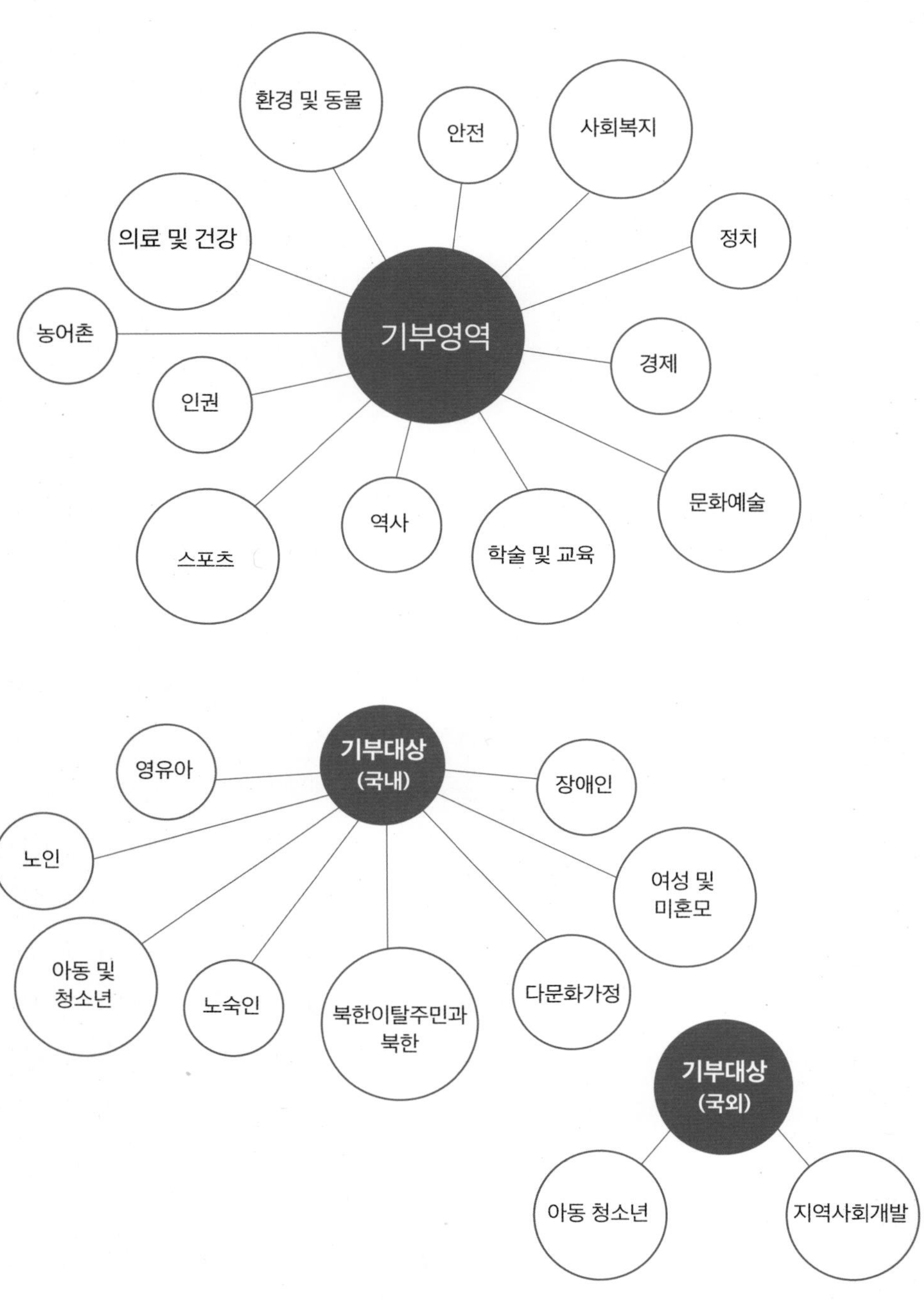
기부영역
환경 및 동물
안전
사회복지
의료 및 건강
정치
농어촌
경제
인권
문화예술
스포츠
역사
학술 및 교육
기부대상
(국내)
영유아
장애인
노인
여성 및
미혼모
아동 및
청소년
노숙인
북한이탈주민과
북한
다문화가정
기부대상
(국외)
아동 청소년
지역사회개발

물론 기부 실행의 다양한 항목들을 순서대로 따르지 못할 수 있습니다. 각자 기부를 생각하고 실천하게 된 계기와 상황이 모두 다르기 때문입니다. 한순간 마음이 움직여 특정 영역에 기부를 시작한 사람도 있고, 친구나 지인을 통해 기부 기관을 먼저 알게 돼 기부를 시작하게 된 사람도 있습니다. 시작은 모두 다르지만, 기부를 위한 각각의 항목들을 모두 살펴봄으로써 자신의 기부를 보다 효율적이고 의미 있게 만들어가는 과정은 꼭 필요합니다.

우리가 미처 몰랐던 기부의 다양한 방법들

기부는 다양한 형태로 이뤄질 수 있습니다. 예를 들어보죠. 자원봉사라는 단어를 많이 들어봤을 겁니다. 자원봉사는 시간과 재능을 기부하는 것입니다. 물론 여기서 다루는 핵심적인 내용은 금전적 기부이지만 자원봉사 같은 방법도 있다는 것을 알아두면 좋습니다. 실제로 재능 기부라는 단어가 현장에서 많이 활용되고 있습니다.

금전적 기부

우선 금전적 기부라는 것은 금전적 가치로 바로 환산 가능한 것, 또는 금전적 가치를 지니고 사용될 수 있는 것의 기부로 정의합니다. 여기서는 가장 일반화돼 있는 현금 기부와 함께 부동산 기부, 주식 기부, 포인트 기부 등을 다루어보고자 합니다.

현금 기부

현금을 기부하는 것이 가장 일반적인 형태입니다. 기부를 받는 기관의 입장에서 활용성이 높고, 자원을 쉽게 이동시킬 수 있어 가장 선호하는 편입니다. 실제로 대부분의 자선 기관들이 현금 기부 상품을 활발히 운영하고 있습니다.

부동산 기부

기부자 소유의 상가·주택·토지·전세금·임대 수익금 등을 기부하는 것을 말합니다. 부동산으로 기부할 경우 증여세와 관련된 세금에 주의해야 합니다. 예를 들어 공익법인에 담보대출이 있는 부동산을 기부하면, 담보대출에 대해서는 부담부증여로 보아 기부자에게 양도소득세가 과세될 수 있습니다. 따라서 대출금, 보증금 등 각종 부채가 있는 부동산 기부에 대해서는 세심한 주의가 필요합니다. 현금과 달리 매각 등이 쉽지 않다는 점도 주의 깊게 살펴야 합니다. 기부자가 부동산을 기부할 경우 기부 기관에서 이를 효과적으로 활용할 수 있는 부분까지 전문가와 함께 상

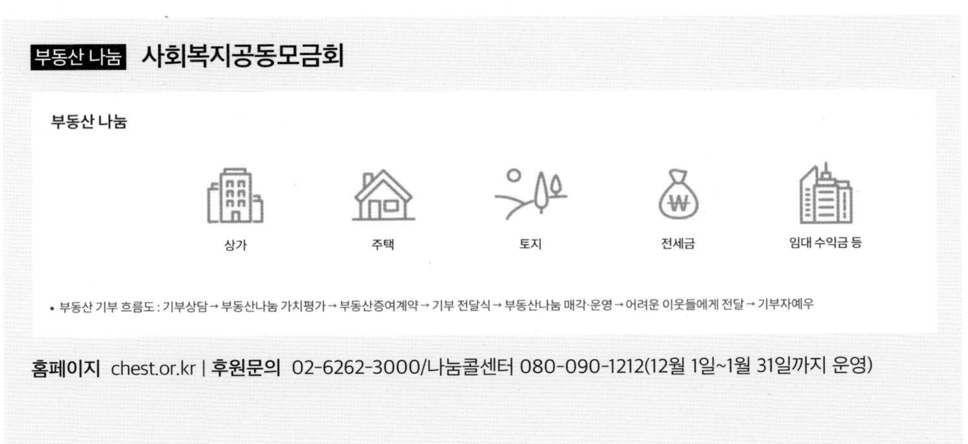

의해야 합니다.

사랑의 열매로 알려진 사회복지공동모금회도 부동산을 기부할 수 있는 기관 중 하나입니다. 사회복지공동모금회에 '희망자산나눔' 캠페인을 통해 기부자가 부동산을 기부하면 '기부 상담 → 부동산 가치평가 → 부동산 증여계약 → 기부 전달식 → 부동산 매각·운영 → 기부금 사용 → 기부자 예우'의 순서를 거친다고 합니다. 이때 기부금 영수증 발급 또한 사전에 정확히 확인하는 것이 좋습니다.

주식 기부

기부자가 자신이 가지고 있는 주식의 지분을 기부하는 것을 말합니다. 특히 증여세 등을 철저히 검토해야 하는 기부 형태입니다. 하지만 실무적으로 주식 기부는 우회적 편법 증여, 공익법인의 지주회사화 등처럼 악용하는 사례가 발생할 수 있어 국세청 및 법원에서 엄격하게 관리하고 있습니다. 만약 주식을 기부하고자 하는 경우에는 전문가와 상담을 통해 주의를 기울여야 합니다. 주식 기부도 기부금 영수증 발급을 사전에 정확히 확인하는 것이 좋습니다.

예를 들어 특정 회사 지분의 5%(상호출자제한기업집단과 특수관계에 있지 아니한 성실공익법인 등은 경우에 따라 10%, 20%)를 초과하는 주식을 공익법인에 기부할 경우 공익법인은 초과분의 최대 50%까지 증여세를 납부하게 됩니다.

증권 나눔 **사회복지공동모금회**

증권 나눔

상장주식

비상장주식

채권

펀드

- 주식 매도를 통해 바로 기부하실 수 있습니다.
- 배당금의 일정액을 기부 또는 약정 하실 수 있습니다.
- 증권회사 및 나눔전문가 자문을 통해 투명하고 효율적인 증권나눔이 이루어질수 있도록 지원해드립니다.

홈페이지 chest.or.kr | **후원문의** 02-6262-3094

포인트 기부

일반적으로 신용카드나 휴대전화 등을 쓰면 개인에게 포인트가 적립됩니다. 최근에는 포인트를 현금처럼 사용할 수 있는 서비스들이 많이 등장했습니다. 카드사나 통신사 홈페이지에서도 포인트를 통한 기부 프로그램을 운영하고 있습니다.

신용카드 포인트 기부 신한카드 아름인 기부

신한카드의 사회공헌 브랜드 아름인(人)의 홈페이지에서는 '신한 아름다운 카드' 사용 시 적립되는 아름 포인트와 일반 신한카드 사용 시 적립되는 'My신한 포인트, LOVE포인트'로 기부가 가능합니다(신한BC카드, 제휴사 포인트인 항공 마일리지, OK캐쉬백, BC TOP포인트 제외). 기부처는 아름인 홈페이지에서 아동, 청소년, 장애인 등 카테고리별로 자유롭게 선택 가능하며 기부금 영수증은 기부처에서 발급 가능합니다.

홈페이지 arumin.shinhancard.com | **기부문의** 1544-7000

기업 멤버십 포인트 기부 CJ ONE 포인트 기부

CJ ONE 포인트는 CJ ONE 제휴 브랜드 이용 시 적립되는 포인트입니다. 이 포인트를 활용해 기부를 하실 수 있으며, 기부한 금액에다 아동 청소년에게 다양한 문화, 교육의 기회를 제공하는 CJ그룹의 사회복지법인 CJ나눔재단의 온라인 기부 플랫폼인 CJ도너스캠프가 동일한 금액을 더해 2배로 기부하게 됩니다. 도너스캠프에 가입하고 CJ ONE 회원 연동이 돼 있다면 기부한 해당연도에 한해서 기부금 영수증 발급이 가능합니다.

홈페이지 www.cjone.com | **기부문의** 1899-4334

통신사 포인트 기부 **SK텔레콤 포인트 기부**

SK텔레콤의 사회공헌 사이트인 티투게더에서는 후원하고 싶은 사례에 레인보우 포인트(SK텔레콤의 특정 요금제를 사용하는 고객에게 매월 적립되는 포인트), OK캐쉬백(SK플래닛에서 운영하는 마일리지 서비스)과 같은 포인트를 기부할 수 있습니다. 이런 포인트들은 사용되지 않고 적립만 되어 있다가 유효기간이 지나버려 소멸되는 경우가 많은데요. 지금 내 포인트를 확인해보시고 의미 있는 일에 기부해보는 건 어떨까요? 티투게더 홈페이지에서 기부금 영수증을 신청할 수 있습니다.

홈페이지 ttogether.sktelecom.com | **기부문의** 070-7864-2690

외국 동전 기부

해외여행에서 쓰고 남은 외국 동전이나 지폐도 기부할 수 있습니다. 기내·금융기관·편의점 등에 비치된 모금함에 외국 지폐나 동전을 바로 넣으면 됩니다. 단, 기부금 영수증은 발급이 안 되고 기부 확인증만 발급받을 수 있습니다.

외국 동전 기부 **유니세프**

유니세프의 동전 모금 'Change for Good'은 여행객들이 쓰고 남은 동전이나 지폐를 항공기 내에서 유니세프에 기부해 어려움에 처한 개발도상국의 어린이를 돕자는 취지로 1994년 아시아나 항공과 함께 시작됐습니다. 현재는 은행, 레스토랑, 호텔 등 다양한 사업장에서 모금함을 통해 실행되고 있습니다. 2002년부터는 세븐일레븐 전 지점, 2006년에는 롯데슈퍼, 2011년에는 CU 전 지점 등으로 확대 중입니다. 기업은 유니세프와 제휴협약을 맺고 사랑의 모금함을 설치할 수 있습니다.

홈페이지 www.unicef.or.kr | **기부문의** 02-722-6483

비금전적 기부

실제로 금전적 가치를 가지더라도 현금화가 어려운 것들이 있습니다. 따라서 비금전적 기부를 할 경우에는 기부하고자 하는 기관에서 이를 수용하는지 여부와 함께 기부금 영수증 발행 여부 그리고 기부금을 얼마로 산정할 것인지를 기부자가 기부 기관에 정확히 확인해야 합니다.

현물 및 물품기부

옷·식품·현물 등도 기부할 수 있습니다. 아름다운 가게가 대표적인 현물 및 물품 기부 기관입니다.

물품 기부 **아름다운 가게**

아름다운 가게에서는 판매 가능한 모든 물픔을 기증받고, 기증품 판매 수익금을 소외 이웃을 위해 사용하고 있습니다.

홈페이지 www.beautifulstore.org/ | **기부문의** 1577-1113, 02-3676-1009

식품 기부 한국사회복지협의회 푸드뱅크

긴급히 먹을 것을 필요로 하는 계층에게 음식을 공급하는 것입니다. 취약계층에 최종 안전망으로서 기능하며 식품 기부의 활성화를 도모하고 있습니다.

푸드뱅크에 대한 기부는 기부금 영수증을 발급받을 수 있습니다. 「식품등 기부 활성화에 관한 법률」에 따른 식품 및 생활용품의 제조업·도매업 또는 소매업을 경영하는 거주자가 해당 사업에서 발생한 잉여 식품 등을 「식품등 기부 활성화에 관한 법률」에 따른 사업자 또는 그 사업자가 지정하는 자에게 무상으로 기증하는 경우, 그 기증한 식품 등의 장부가액을 해당 거주자의 사업소득세를 계산할 때 필요경비로 산입하는 방식으로 세액공제를 받을 수 있습니다.

홈페이지 www.foodbank1377.org | **기부문의** 1688-1377, 02-713-1377

옷 기부 옷캔

가정에서 입지 않는 옷, 기업의 의류 재고 등을 기부하는 것입니다. 온라인에서 옷 기부 신청서를 작성한 후 택배를 통해 옷을 기부하면 운송비 기부금과 기부한 물품의 가액을 합산해 기부금 영수증을 처리합니다. 기부된 옷들은 날씨, 연령, 성별 등으로 선별 포장한 후 국내외 소외계층에 배분합니다.

홈페이지 otcan.org | **기부문의** 1661-1693

기부 상식

의류수거함의 불편한 진실

동네마다 골목길에 의류수거함이 설치돼 있습니다. 대부분 시민들은 이것을 정부나 지자체에서 운영한다고 알고 있습니다. 하지만 개인이 운영하는 경우도 있고, 개인이 장애인 단체 등의 명의를 빌려 운영하는 경우도 있다고 합니다.

실제로 2013년 서울 영등포구에서 조사한 결과에 따르면 관내 총 619개의 의류수거함이 설치돼 있으며 그중 500여 개를 장애인 단체·국가유공자 단체·복지 단체가 운영하고 있었습니다. 운영 주체가 알려진 수거함을 제외한 127개는 누가 설치했는지 알 수 없었다고 합니다.

이렇게 의류수거함을 통해 수거된 옷은 보통 재활용 업체 등에서 무게 단위로 매입을 합니다. 옷의 상태가 좋으면 국내 구제의류업자에게 판매하고, 나머지는 대부분 수출업자를 통해 동남아 등으로 판매됩니다. 불우이웃을 돕는다는 선한 마음으로 수거함에 옷을 넣는 사람들이 많은데, 그들의 의도와는 다르게 개인의 이익으로 넘어가는 일이 벌어지고 있었던 것입니다.

만약 의류수거함을 이용해 기부하려고 한다면 공익 단체가 운영하는 것인지를 잘 확인해보길 바랍니다. 아름다운 가게나 옷캔처럼 물품 기부 사업을 운영하는 기관에 기부하는 것도 효과적인 방법입니다. 이 경우 기부금 영수증 발급도 가능합니다.

시간 기부, 재능 기부

일반적으로 시간 기부와 재능 기부 같은 무상용역은 기부로 인정받을 수 없습니다. 자원봉사와 함께 혼용돼 사용되기 때문에 오해할 수 있습니다. 예외적으로 정부에서 지정한 특별재난지역의 복구를 위해 자원봉사를 한 사람에 대해서는 활동 시간에 대해 기부금 확인서를 발행해 기부금 세액 공제 혜택을 부여하고 있습니다. 의료봉사, 법률자문 등과 같이 무상으로 제공하는 재능 기부는 세법상 적정한 가치를 산정하기 어렵기 때문에 기부금으로 인정하지 않아 기부금 영수증이 발급되지 않습니다.

실무상 재능 기부를 제공하고자 하면 기부금 단체에서 적정한 용역 대금을 실제 지급하고, 기부자가 지급받은 금전을 다시 기부금 단체에 기부하는 형태를 취하기도 합니다. 단, 이러한 경우 지급한 용역 대가는 지급받은 개인의 소득으로 보아, 단체에게는 원천징수 의무가 발생하고, 지급받은 자는 소득세를 부담해야 한다는 점을 사전에 인지해야 합니다.

시간 기부 **특별재난지역 자원봉사 기부금 세액공제**

대형 사고나 재난을 당해 정부 차원의 사고 수습이 필요한 지역에 대해 「재난 및 안전관리기본법」에 의해 국무총리 등이 특별재난지역으로 선포해 행정·재정적 지원이 행해지는 지역을 특별재난지역이라고 합니다. 태안 기름 유출 사고로 인해 태안지역이 특별재난지역으로 선포된 바 있는데요. 이 같은 특별재난지역에서 자원봉사활

동을 했을 경우에는 시간에 따라 연말정산에서 세액공제 혜택을 아래와 같이 부여했습니다.

봉사활동에 대한 가액 산정 기준(① + ②)

① 자원봉사용역의 가액 = 봉사일수 × 5 만 원

※ 봉사일수 = 총 봉사시간 ÷ 8시간(단, 소수점 이하는 1일로 계산)

② 당해 자원봉사용역에 부수되어 발생하는 유류비·재료비 등은 제공할 당시 시가 또는 장부가액

※ 관계법령 : 소득세법 제34조 제3항 제2호 혹은 제34조의 3, 소득세법 시행령 제81조 5항, 6항

공제 시 첨부서류

① 특별재해(재난)지역 자원봉사용역 등에 대한 기부금확인서(소득세법 시행규칙 별지 36의2 서식)

② 특별재난지역의 지방자치단체장 또는 자원봉사센터장으로부터 발급받아 연말정산 또는 종합소득세 신고 시 위 확인서 제출

③ 회사 차원에서 봉사활동을 하는 경우에 지자체장에게 공문으로 전체 인원에 대해 일괄 확인을 받아 보관하는 경우는 근로자 개개인별로 기부금 영수증을 첨부하지 아니할 수 있음

재능 기부 한국재능기부봉사단

재능 기부는 개인이 가진 재능을 사회단체 또는 공공기관 등에 기부하여 사회에 공헌하는 것을 뜻합니다. 해당 기관의 홈페이지를 방문하여 신청하면 재능 기부를 할 수 있습니다. 여기서 법무·의료·교육·경영·노무·세무·문화예술 등 전문기술을 보유한 기부자는 이를 활용한 전문지식 기부(Pro bono)를 할 수도 있습니다. 단, 재능 기부의 경우에는 시가 산정의 어려움으로 인해 기부금 처리가 불가능합니다.

홈페이지 www.ktdc2012.org/ | **기부문의** 02-529-1804

목소리 기부 한국점자도서관

시각장애인이 이용하는 점자도서관이나 일부 복지관에서는 책의 내용을 텍스트로 쳐야 하는 점자도서와 글씨를 또박또박 읽어 녹음하는 녹음도서 등의 제작에 인력이 부족해 수개월의 시간이 걸린다고 합니다. 기부자는 자신의 목소리를 활용해 기부를 할 수도 있습니다. 목소리 기부 또한 재능기부와 마찬가지로 기부금 영수증 처리는 불가능합니다.

홈페이지 infor.kbll.or.kr
기부문의 02-441-4114

월드비전 비전메이커 **번역봉사단**

해외 아동 결연의 경우에 해외 아동들이 쓴 편지가 기부자들에게 배달되는데요. 이 과정에서 누군가를 고용해서 번역을 해야 한다면 많은 예산이 투입됩니다. 이 경우 기관에서는 자원봉사자를 모집하기도 하는데요. 평소 기관 활동에 관심을 가지신다면 이런 기회가 있을 때 참여하는 것도 좋은 방법입니다.

홈페이지 letter.worldvision.or.kr

- 기부자 또는 재능 기부를 원하는 분들은 이곳을 통해서 번역봉사단에 참여할 수 있습니다. 기관마다 다양한 형태의 자원봉사자 모집을 진행하고 있습니다.

생명 기부

생명 기부라고 하면 굉장히 낯설게 들릴 겁니다. 헌혈이 대표적인 생명 기부의 형태입니다. 이 외에도 최근 들어 장기 기증과 같은 생명 기부가 주목받고 있습니다. 생명 기부는 다른 생명을 살리기 위해 매우 유용한 기부 방식입니다.

장기 기증 사랑의장기기증운동본부

장기 기증은 장기 이식이 필요한 환자를 위해 활용된다는 점에서 매우 중요합니다. 사랑의장기기증운동본부 홈페이지나, 모바일웹에 접속하거나 우편 배송, 팩스, 이메일을 통해 장기 기증 서약서를 제출하면 장기 기증을 서약할 수 있습니다. 장기 기증을 서약하면 장기 기증 희망 등록증 및 신분증에 부착 가능한 스티커를 받으실 수 있습니다. 또한 운전면허증을 발급받을 때에 '장기 기증'이라는 문구가 사진 하단에 표기되어 나옵니다.

홈페이지 www.donor.or.kr | **기부문의** 1588-1589

헌혈권 기부 대한적십자사 혈액관리본부

헌혈을 하게 되면 헌혈증서와 함께 헌혈 기념품을 받게 됩니다. 여러 기념품 중 '헌혈 기부권'을 선택해보는 것은 어떨까요?. 전혈 헌혈과 혈장 성분 헌혈은 3,500원, 혈소판 성분 헌혈은 6,000원, 혈소판 혈장 성분 헌혈은 8,500원에 해당하는 기부권을 받을 수 있습니다. 이렇게 받은 헌혈 기부권을 기부할 경우, 해당 금액만큼 기부금 영수증을 발급받을 수 있습니다.

홈페이지 www.bloodinfo.net | **기부문의** 1600-3705

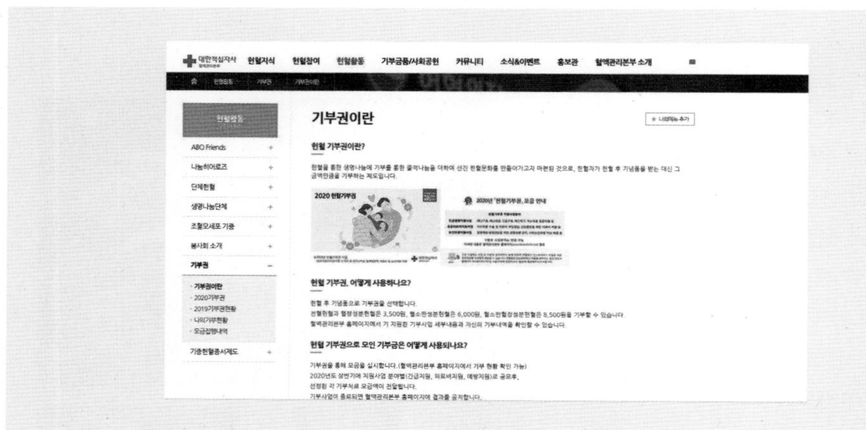

권리 기부

자신에게 이익이 발생하는 권리를 기부하는 것을 권리 기부라고 합니다. 저작권 기부가 대표적입니다. 아직 우리나라에서 크게 활성화된 개념은 아니지만 앞으로 확산될 가능성이 큰 영역입니다.

무형 자산에 해당하는 권리 기부에 대해 기부금 영수증을 발행할 경우에는 기부자의 기부 대상 권리의 장부가액, 즉 당초 해당 저작권과 같은 무형 자산의 취득 비용(사업자의 경우 감가상각비를 차감한 가액)을 기준으로 기부 금액을 산정합니다.

개인은 인정받기가 쉽지 않을뿐더러 문화·예술 분야의 창작물에 대한 저작권은 '장부가액'을 산정하기 어려워 기부금으로 인정받기 어렵습니다. 따라서 권리를 기부할 때 기부 기관에 기부금 영수증의 발행 가능 여부를 정확히 확인할 필요가 있습니다.

저작권 기부 책으로 따뜻한 세상만들기

책으로 따뜻한 세상만들기(일명 책따세)에 저작권이 기부된 자료는 모두가 활용 가능하도록 공개됩니다.

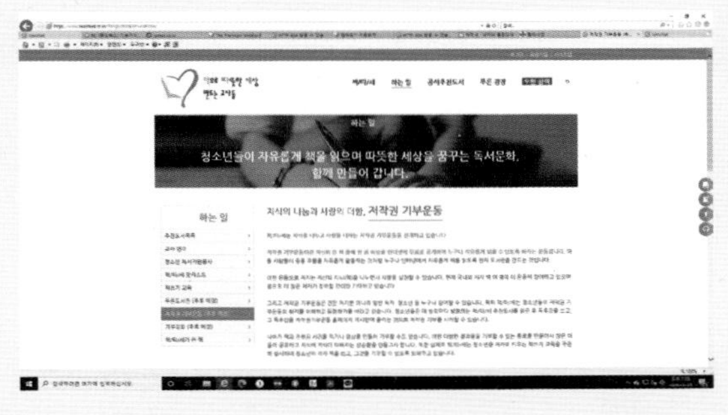

책 이외에도 이미지, 음악, 동영상 등의 저작권을 기부할 수 있습니다. 저작권 기부는 기부하는 시점에서의 저작권의 가치를 금전으로 환산하기 어려운 관계로 기부금 영수증 발급은 어렵습니다.

홈페이지 www.readread.or.kr | **기부문의** 02-3274-1212

공간 기부

자신이 보유하고 있는 공간(부동산)을 사회복지 기관이나 예술인 등에게 무상으로 제공하는 것입니다. 아직 우리나라에서 활성화된 기부 영역은 아니지만 부산문화재단에서 도심 속 유휴공간을 예술인들에게 창작공간으로 제공하거나 시민을 위한 프로그램 운영에 활용한 사례가 있습니다. 하지만 현행법상 임대용역의 무상공급은 기부금으로 인정되지 않기 때문에 기부금 영수증을 발급받는 것은 어렵습니다.

기타 기부

금전적 기부와 비금전적 기부 이외에도 기부할 수 있는 다양한 방법이 있습니다. 자신의 작은 행동 하나하나가 기부와 연계될 수 있습니다. 최근 들어 유행하고 있는 자선 경매도 결국엔 구매 행위를 통해 기부를 하는 것입니다. 또한 상품을 구입할 때 수익금의 일부가 자동적으로 기부되는 공익연계 마케팅 상품도 있습니다.

자선 경매

문화재나 예술품을 기증하는 것만이 기부가 아닙니다. 미술품 경매회사에서 주최하는 자선 경매를 통해 예술품을 구입하면서도 기부할 수 있습니다. 낙찰 대금 중 전부 또는 일부가 공익적 목적으로 사용됩니다. 자선 경매의 특성상 저렴한 가격에 경매가 시작되므로 경쟁이 치열하지 않다면 좋은 가격에 낙찰을 받을 수 있고, 기부가 이루어지므로 1석 2조의 효과가 있습니다. 단, 경매 출품 물품은 낙찰시 반품 및 환불은 할 수 없습니다. 따라서 경매에 응할 때 반드시 물품을 직접 보고 확인한 후에 구매해야 합니다.

자선 경매 서울옥션

미술품 경매 회사인 서울옥션에서 현재 정기적으로 자선경매가 이루어지고 있습니다. 서울옥션은 그동안 해외에 흩어져 있는 우리 문화재 환수를 위한 기금 마련 후원 경매, 작가 후원을 위한 착한 경매 등 공익적 성격의 경매들을 개최해왔습니다. 최근에는 코로나 피해 돕기를 위한 온라인 자선경매도 이루어지고 있습니다. 경매 낙찰을 통해 기부문화에 동참할 수도 있지만, 더 나아가 여러분들이 소장하고 있는 미술품을 경매에 내놓고, 그 낙찰금액으로 기부하는 것도 기억에 남는 기부가 될 것입니다.

홈페이지 www.seoulauction.com
관련문의 02-395-0330

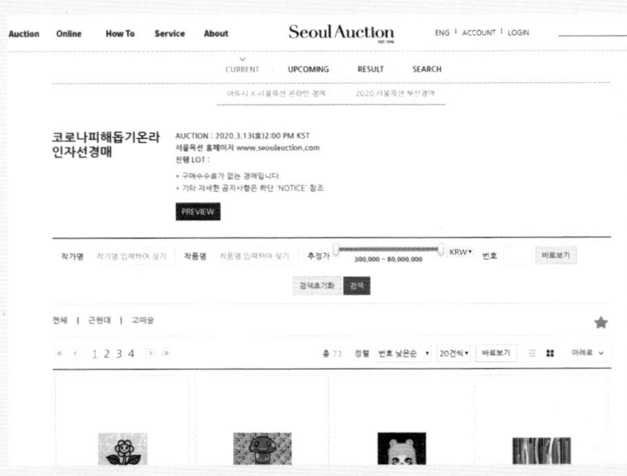

자선 경매 K옥션

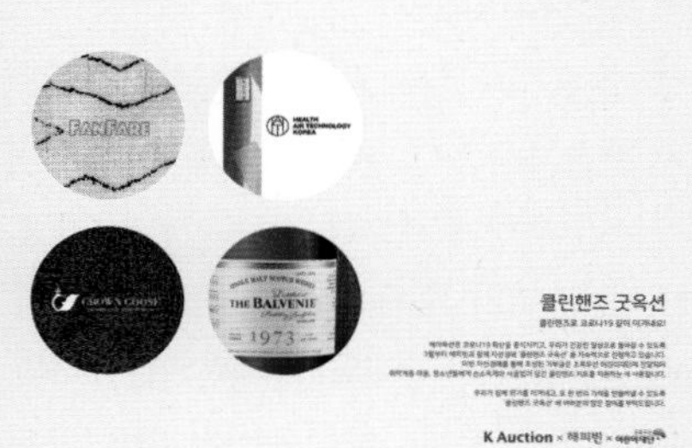

K옥션에서 2개월에 한 번씩 열리는 자선 경매는 미술품뿐만 아니라, 유명인의 사인이 들어간 물건, 호텔 숙박권, 병원 검진권, 레스토랑 식사권, 전시회·음악회·뮤지컬·콘서트 입장권에 이르기까지 다양한 대상이 출품됩니다. 물품 출품자는 50~100%에 이르는 낙찰 금액을 기부하기로 약정하는데, 지정 기부처를 선정하지 않으면 한국메세나협회로 기부가 이루어지고 있습니다. 이 기금은 어려운 환경에 있는 미술에 재능을 가진 청소년들의 공부와 연수 기회 마련, 예술교사 양성 프로그램에 사용된다고 합니다. 참고로 한국메세나협회는 문화예술 저변 확대 및 경제와 문화예술의 균형 발전에 기여할 목적으로 1994년 5월 2일에 설립된 대한민국 문화체육관광부 소관의 사단법인입니다. 2018년 현재 현재 240개 기업이 회원사로 가입해 활동하고 있습니다. 메세나(mécénat)는 고대 로마제국의 정치가로서 문예 보호에 크게 공헌한 마에케나스의 이름에서 유래한 '문화예술에 대한 지원 활동이나 지원자'를 의미하는 프랑스어입니다. 현재는 기업의 문화예술 지원 및 사회적 · 인도적 입장의 예술 후원 사업을 통틀어 일컫는 말로 쓰이고 있습니다.

홈페이지 www.k-auction.com | **기부문의** 02-3479-8888

K Auction

Online Auction · 지난경매 및 결과

2020년 4월 16일 자선 +프리미엄 온라인 미술품 경매

전시장소 신사동 케이옥션 전시장
경매시작일 2020년 4월 4일(토) 10:00 AM
경매종료일 2020년 4월 16일(목) 4:00 PM

ALL | 근현대/해외 | 동양화/고미술 | DESIGN | 자선 (미술품 · 공예& · 아트& · 브랜드&)

모발 기부

항암 치료제와 방사선 치료를 받으면 모발이 빠집니다. 특히 정서적으로 민감한 시기의 아이들에게 자신감을 주고, 2차 감염 등의 위험성을 줄

모발 기부 어머나 운동본부

어머나 봉사단은 '어린 암환자를 위한 머리카락 나눔'의 줄임말로, 항암치료 중 발생하는 탈모로 인한 스트레스를 받는 어린이에게 모발 기부를 통해 행복과 기쁨을 전달합니다. 머리를 자르는 게 부담스럽다면, 굳이 자르지 않고 머리를 감고 말릴 때 빠지는 머리카락이나 버려지던 25cm 이상 머리카락을 모아 보내면 됩니다.

펌, 염색한 머리도 가능하지만 손상이 심한 모발들은 제작이 되지 않을 수 있습니다. 또한 모발 길이가 25cm가 되지 않아도 짧은 가발을 원하는 환자가 있어 길이가 길지 않아도 가능하다고 합니다.

전달받은 머리카락은 어머나 운동본부에서 가발 제조업체로 보내 가발로 만들어집니다.

여러 사람들의 머리카락과 합쳐 만들어진 가발은 어머나 운동본부를 통해 소아암 환자에게 기부되며, 기부자의 이름으로 기증됩니다. 하나의 가발을 만들기 위해서는 약 2만 가닥의 머리카락이 필요하다고 합니다. 잘라도 다시 자라나는 모발, 어린 암환자를 위해 기증해보는건 어떨까요?

홈페이지 www.givehair.net/main

이기 위해 환자용 인모 100% 가발이 필요하지만, 수십만에서 수백만 원에 달하는 가발과 치료비를 감당해야 하는 환자와 가족들에게는 부담이 큽니다. 비록 기부금 영수증 발급이 안 되지만, 뜻깊은 마음으로 머리를 길러 기부하는 것은 정말 의미 있는 나눔이 될 것입니다.

나눔 장터

자신이 사용하던 물건을 중고 장터에서 거래한 수익을 기부하는 방법도 있습니다. 위아자 나눔 장터(weaja.joins.com)가 대표적입니다.

나눔 장터 **위아자 나눔 장터**

'위아자 나눔 장터'는 사용하던 물건을 시민끼리 사고 팔아 수익금으로 저소득층 어린이를 돕는 국내 최대 규모의 나눔 장터입니다. 2005년부터 매년 가을, 서울과 부산에서 동시에 열리고 있습니다. '위아자'는 위스타트(We Start)·아름다운 가게·자원봉사의 줄임말입니다. 중앙일보·JTBC·서울특별시·부산광역시가 공동 주최하고 아름다운 가게와 위스타트가 주관하며 GS칼텍스가 함께하고 있습니다. 판매 기부금은 위스타트와 아름다운 가게를 통해 전액 저소득층 아동 지원에 사용됩니다. 15년간 모인 기부금만 20억이 넘고 매년 30만 명 이상의 관람객이 참여하고 있습니다. 스타와 명사들이 기증한 소장품을 판매하는 '명사 기증품 경매 및 특별판매', 기업·단체·시민·어린이 장터, 문화공연과 버스킹, 다양한 친환경·나눔 체험 이벤트로 구성됩니다. 특히 '명사 기증품 경매'는 인기 연예인과 스포츠 스타를 포함해 사회 각계 주요 인사들이 참여하는 최고의 인기 코너입니다. 명사 기증품은 K옥션을 통해 온라인 경매로도 구입할 수 있습니다.

위아자 나눔 장터의 꽃은 시민들이 집에서 안 쓰는 물건을 직접 들고 나와 판매하는 '어린이·시민장터'입니다. 자녀들이 부모와 함께 재사용품을 골라 판매도 해보고 수익금을 기부하는 경험은 살아 있는 나눔교육이자 경제교육의 장이 되고 있습니다.

판매 참가자는 사전 접수를 받아 추첨을 통해 선정하며 영리 목적의 판매자들은 참여가 제한됩니다. 청명한 가을날, 가족과 함께 나들이하면서 나눔에 동참해보시는 건 어떨까요?

홈페이지 weaja.joins.com

무엇을
전달할 것인가?

물품과 서비스 전달하기

기부금이 수혜자에게 구체적으로 어떤 도움을 주는지 생각해봐야 합니다. 물품을 전달할 것인지, 서비스(용역)를 제공할 것인지, 종합적으로 전달할 것인지 생각해보는 것입니다. 막연하게 '한 아이에게 얼마를, 한 가정에 얼마를 기부'보다 '난민촌 유아에게 백신 주사를, 아이에게 교육 서비스를, 한 가정의 자립을 위해 가축을, 한 마을의 공동위생 개선을 위한 시설을'처럼 자신이 전달하고 싶은 내용을 미리 정하면 좋습니다. 그런 가이드라인이 없으면 수혜자를 위해 내가 어떤 도움을 주고 있는지 모르므로 기부 활동 자체가 실감 나지 않고, 지속적인 기부 동기가 떨어질 수도 있습니다.

기부 카탈로그를 통해 찾기

기부 프로그램들을 한눈에 비교해서 선택하기 쉽게 만든 자료가 기부

카탈로그입니다. 예를 들어 '세이브더칠드런'에서 운영하고 있는 '선물가게'에서 선택할 수 있는 전달 품목과 후원 금액이 정리돼 있는 기부 카탈로그가 있습니다. 기부자가 이해하기 쉽게 전달 품목을 구체적으로 표기하고 있습니다. 이러한 자료들을 통해 "나는 지난 5년간 매년 네팔에 닭 10마리, 에티오피아에 염소 5마리를 보내서, 빈곤 가정의 경제적 자립을 도왔고, 동시에 달걀과 염소젖으로 아이들에게 단백질을 보충할 수 있는 기회를 제공했다."고 기부자가 명확하게 자신의 기부 결과를 인식할 수 있습니다.

분류	기부 물품 / 서비스	금액 (원)
식수개선	물통과 정수약품	10,000
교육	아동권리교육 제공	10,000
가축지원	닭	20,000
국내 아동 지원	학대피해아동 쉼터 지원비	20,000
긴급구호	응급처치 키트	20,000
국내 아동 지원	교복과 학용품	30,000
국내 아동 지원	학대피해아동 심리치료비	30,000
국내 아동 지원	국내 아동 난방비 지원	30,000
국내 아동 지원	국내 아동 의료비 지원	30,000
보건영양	의료 사각지대를 없애는 이동식 진료 지원	30,000
보건영양	산모와 아기를 살리는 보건요원 키트	30,000
교육	아동의 외로움을 달래주는 동화책 키트	30,000
긴급구호	비상식량	30,000
가축지원	돼지	30,000
보건영양	영양실조치료 영양농축가루	40,000
긴급구호	아동 심리적 응급처치	40,000
가축지원	염소	40,000
긴급구호	위생키트	40,000
가축지원	염소 돌봄 패키지	50,000
교육	여자아이 학교 보내기	50,000
국내 아동 지원	국내 아동 긴급생계비 지원	50,000

출처 : 세이브더칠드런 선물가게

또 다른 예로 '월드비전'이 운영하고 있는 우간다 카삼비야 지역 후원 사업을 살펴보면, 마을 단위의 식수 위생 사업과 교육 사업의 항목들을 구체적으로 제시하고 있습니다.

식수 위생사업

13개 마을에 식수위생시설을 구축하여 아이들의 생명을 살리고, 또 다른 기회를 열어 줍니다.

2020년 식수위생시설 1차 설치	2021년 2차 시설 확장	2022년 3차 시설 확장

식수원 굴착 및 식수시스템 설치	대규모 식수 저장탱크 설치	마을/학교 식수대 설치	식수관리 위원회 훈련

수혜자	전체예산	식수대 1기
22,350명	35,000만 원	1,600만 원

교육사업

키셍웨Kisengwe 초등학교에 양질의 교육시설을 구축하여 스스로 자립할 수 있는 다음 세대를 키웁니다.

2020년 교실 신축	2021년 도서관 신축	2022년 교사숙소 신축

학교 교실 3칸 신축	책걸상 지원	학교 운영 위원회 훈련

수혜자	전체예산
850명	7,000만 원

실제로 여러 모금 기관들은 개별 기부 품목들을 직접적으로 제시하기보다 수혜자에게 적합한 항목들을 복합적으로 구성한 프로그램을 제공하는 경우가 많습니다. 각각의 프로그램들을 자세히 살펴보면, 해당 프로그램에서 다루는 구체적인 항목들을 통해 수혜자에게 전달되는 물품들과 서비스를 확인할 수 있습니다.

언제, 얼마 동안 기부할 것인가?

언제, 그리고 얼마 동안 기부할 것인가에 대한 고민은 기부 철학의 지속성과 함께 기부의 시기와도 밀접한 관련을 가지고 있습니다. 이는 기부 계획을 세울 때 핵심이나 마찬가지입니다.

비정기 기부

비정기 기부는 말 그대로 정기적으로 기부하지 않고 특정 시점에 기부하는 것을 뜻합니다. 정기 기부는 정기적으로 지출이 발생한다는 점에서 기부자에게 부담이 될 수 있습니다. 기부를 시작하는 분이라면 비정기 기부를 통해 기부를 하는 것도 좋은 방법입니다.

긴급구호 및 재난구호 기부

어떤 특정한 사건 또는 문제에 대해 일회적으로 기부하는 것을 의미합니다. 다른 국가에 재난이 닥쳤을 때 국가적인 차원에서 지원하기도 하지만 시민 사회를 중심으로 성금을 모금하기도 합니다. 대부분 재난 상황의 조속한 해결을 위해 일회성 성금을 모금해 기부금을 마련하는 경우가 많습니다. 기부금을 모집하는 기관에 ARS 또는 문자 기부를 하는 경우도 일회성 기부입니다. 긴급구호 및 재난구호의 경우 물품보다 현금이 더 효율적으로 활용됩니다. 물품은 운반하는 비용이 발생하기 때문입니다. 대표적인 예로 2007년 12월 태안 기름 유출 사건, 2014년 4월 세월호 사건, 2016년 9월 일본 지진 때에도 긴급구호를 위한 모금이 활발히 진행됐습니다. 다양한 경로로 일시적으로 진행되므로 관심을 가지던 단체에 기부하면 가장 효과적입니다.

기념일 기부

특정 사건이나 문제 해결을 위한 기부가 아닌, 결혼, 생일처럼 기부자 자신의 특별한 기념일 또는 사건에 맞춰 하는 기부를 보통 기념일 기부라고 부릅니다. 최근에는 결혼식에서 걷은 축의금을 기부하는 '나눔 결혼식'이라는 용어도 등장했습니다.

생애 첫 기부 **한마음한몸운동본부**

한마음한몸운동본부에서는 '자녀에게 기부하는 것을 체험하게 하는 선물을 준다'는 개념을 적용해 생애 첫 기부 프로젝트를 진행하고 있습니다. 자녀에게 기부를 알려줄 수 있다는 점에서 주목할 수 있는 프로그램입니다.

홈페이지 obos.or.kr
기부문의 02-774-3488

내 생애 최고의 날 **굿네이버스 기념일 기부 캠페인**

굿네이버스와 같은 대규모 기부 기관에서도 기념일 기부 캠페인이 활발히 진행되고 있습니다. 첫돌, 생일, 결혼, 기념일 등 특별한 날을 맞아 후원 나무 한 그루를 심는다는 이미지를 기반으로 캠페인을 진행하고 있습니다.

홈페이지 theday.goodneighbors.kr
기부문의 02-6424-1886

유산 기부

기부자가 유언을 통해 사망 시점에 기부하는 것을 말합니다. 고액 기부(계획 기부)에서 비중이 높게 다뤄지는 개념이기도 합니다. 하지만 저는 개인적으로 유산 기부가 무조건 고액 기부일 필요는 없다고 생각합니다. 자신의 상황에 맞게 기부하는 것이 중요하기 때문입니다. 유산 기부도 그런 관점에서 바라봐야 합니다.

유산 기부는 기부자가 생전에 재산에 대한 통제권을 가진 상태에서 자신이 선호하는 자선 기관에 도움을 주도록 미리 정하는 것이 적합합니다. 현재 법적 절차나 유류분 제도 등과 연계돼 활발히 진행되고 있지는 않습니다. 하지만 향후 일반 시민들도 유산 기부를 활발히 활용하는 문화가 만들어질 필요가 있다고 생각합니다.

유산 기부 **유산기부센터**

유산기부센터는 우리 사회의 유산 기부에 대한 인식을 개선하고 유산 기부를 활성화하기 위한 목적으로 한국자선단체협의회가 산하 기관으로 설립하였습니다. 유산기부센터는 유산기부센터에 유산을 기부하거나 기부를 약정한 분들의 사례를 인터뷰를 통해 소개하고 유산 기부 인식 개선 캠페인을 전개하면서 유산 기부를 더욱 활성화하기 위해 노력하고 있습니다. 또한 홈페이지를 통해 유산 기부 절차, 유산 기부 관련 법률 등 유산 기부에 대한 자세한 정보를 제공하고 있습니다.

홈페이지 www.legacykorea.kr | **기부문의** 1811-6411

생각 나눔

유산 기부에 대한 잘못된 선입관

유산 기부라고 하면 사망자가 남긴 재산의 전부를 기부한다는 뜻으로 인식하는 경향이 있습니다. 그래서 아예 자세히 알아보지 않는 경우도 많습니다. 아마 '유산'이라는 단어 때문일 것입니다. 하지만 세상을 떠나며 다른 이들을 위해 자신의 재산을 기부하고 떠난다는 것처럼 아름다운 일이 있을까요. 그러니 꼭 유산이 사망자가 남긴 재산 전부일 필요는 없습니다. 예금, 주식, 부동산 등 금전적 가치가 있는 재산 중 본인이 미리 항목과 규모를 선택할 수 있습니다. 큰 금액일 필요도 없습니다. 단, 유산 기부에 대해 꼭 가족분들과 함께 뜻을 모은 다음, 유산기부센터를 통해 자세한 상담을 받아보길 권합니다. 무엇보다 유가족들이 고인의 뜻을 존중하는 것은 사후 불필요한 법적 분쟁을 방지하기 위해 반드시 필요한 사안임을 기억해야 합니다.

기타 일회성 기부

비정기 기부는 일상생활 속에서 쉽게 접할 수 있습니다. 매년 12월이면 거리에 설치되는 구세군 자선냄비는 가장 쉽게 기부를 접할 수 있는 방법입니다. 또 편의점에도 현금으로 물건을 사고서 남은 동전을 기부할 수 있는 저금통이 설치돼 있습니다. 물건값이 수익금으로 기부되는 형태도 있습니다. 마음만 먹으면 기부자가 어떤 형태로든 기부할 수 있습니다. 거창하고 어렵게 생각하지 말고 작지만 큰 첫걸음을 내디뎌보는 것이 중요합니다.

구세군 거리모금 **구세군 자선냄비본부**

구세군은 연말이 되면 11월 말~12월까지 거리 모금을 진행합니다. 구세군 모금함은 빨간색 냄비로 유명합니다. 이는 독일의 조리기구 판매회사인 휘슬러(Fissler)에서 구세군을 위해 제작해 준 것이라고 합니다. 구세군 거리 모금은 유동인구가 많은 지하철역 등에서 진행됩니다. 가족과 함께 거리를 걷다 자선냄비를 만나면 한번 기부에 참여해보는 것은 어떨까요? 사전에 신청하면 모금을 하는 자원봉사자(케틀메이트)로도 참여하실 수 있습니다.

홈페이지 www.jasunnambi.or.kr
기부문의 1600-0939

기부상식

크리스마스 씰

크리스마스 씰은 대한결핵협회에서 결핵퇴치기금 마련을 위해서 진행하고 있는 프로젝트입니다. 통신수단의 발달로 크리스마스 씰의 열풍이 식긴 했지만 여전히 크리스마스 씰이 만들어지고 판매되고 있습니다. 매년 크리스마스 씰 모금사업을 통해 조성된 결핵퇴치기금은 취약계층 결핵환자 발견, 환자 수용시설 지원, 학생 결핵환자 지원, 결핵 홍보, 결핵균 검사와 연구, 저개발국 결핵사업 지원 등 다양한 분야에서 사용됩니다.

대한결핵협회 크리스마스 씰 쇼핑몰(loveseal.knta.or.kr)을 통해 구매하신 후 마이페이지 메뉴에서 기부금 영수증을 신청할 수 있습니다.

연말연시 연하장에 크리스마스 씰 한 장 붙여 지인에게 따뜻한 마음을 함께 전하면 어떨까요?

홈페이지 loveseal.knta.or.kr
기부문의 02-2085-0053

정기 기부

정기 기부는 기부자와 기부를 받는 기관 모두에게 큰 의미가 있습니다. 기부자는 정기 기부 생활을 통해 기부의 성과를 지속적으로 체험할 수 있고, 모금 기관에서는 안정적인 재원 확보를 통해 예측 가능하고 장기적인 프로젝트를 실행할 수 있습니다. 현재 다양한 기관에서 정기 기부 상품을 개발해 기부자 확보에 노력을 기울이고 있습니다.

생각 나눔

기부 생활 스케줄 관리하기

기부 생활을 하는 데에도 일정 관리가 필요할까요? 물론입니다. 기부도 일상생활의 일부분이기 때문입니다. 스마트폰을 활용하면 기부 일정만을 별도의 스케줄로 정리해서 볼 수 있고 다른 일정들과 합쳐서 관리할 수도 있습니다.

일정 관리가 기부 생활에 어떤 도움을 줄까요?

첫째, 자신이 기부 생활을 하고 있다는 사실을 지속적으로 인식할 수 있습니다. 정기 기부는 대부분 자동이체로 설정을 해두어 신경 쓰지 못하는 경우가 많습니다. 그러면 자신이 하고 있는 기부에 대한 관심도도 점차 떨어지고, 기부에 대한 동기도 점점 약해지기 쉽습니다. 월 정기 기부금이 결제되는 날을 다이어리에 기록해두면 한 달에 한 번씩 기부에 대해 생각하게 되고, 기부가 자신의 일상 속으로 자연스럽게 들어오게 될 것입니다.

둘째, 특별한 날을 기념해 기부할 때 일회성 행사로 끝나는 것을 방지할 수 있습니다. 가족의 생일이나 기일, 자신만의 특별한 날에 지속적으로 기부하기로 마음먹었다면 '○○의 생일'이라고 적는 대신 '○○의 생일 기부'라고 적어보세요. 가족의 특별한 날을 더욱 의미 있는 날로 만들 수 있습니다.

셋째, 기부 프로그램의 대상자와 소통을 원활하게 할 수 있습니다. 기부 대상과 후원 관계를 맺으면 생일이나 크리스마스 같은 날에 선물을 보내고, 주기적으로 편지 교환을 하게 됩니다. 그런데 간혹 모금 기관에서 날아온 편지를 받고도 책상 한쪽에 밀어놓고 답장을 놓치는 경우가 종종 있습니다. 스케줄러에 미리 기입해놓는다면, 크리스마스카드를 봄에 보내는 민망한 상황은 많이 줄어들 것입니다.

넷째, 기부금 영수증 처리를 위해 꼭 필요합니다. 연말정산을 하다 보면 기부금 항목을 빠뜨리기 쉽습니다. 자칫 기부금을 내고도 세액 공제에서 빠질 수 있습니다. 모든 모금 기관들이 국세청 시스템과 연결돼 있는 것은 아니기 때문에 자신이 기부한 내역이 모두 제대로 표시돼 있는지 확인하고, 기부금 내역 확인이 누락됐을 때 모금 기관에 요청해 별도로 서류를 출력해 제출해야 합니다. 연말정산 기부금 항목을 확인함으로써 지난 1년 동안 기부금 전달 기관과 금액을 점검하고, 자신의 기부 생활을 돌아보며 앞으로 1년에 대한 계획을 세우는 시간을 갖게 될 것입니다.

기부금을 어떻게 전달할 것인가?

기부자가 똑똑한 기부를 하려면 자신에게 맞는 기부 방식을 선택해야 합니다. 무엇을 기부할지 결정했다면 어떻게 기부할지를 살펴야 합니다. 금전적 기부의 전달 방식을 한번 살펴볼까요?

ARS(automated response system, 자동 응답 시스템)

자동 응답 시스템은 비정기 기부에서 가장 많이 활용되는 방식입니다. SBS '희망TV'라는 모금 방송과 KBS1 라디오의 '희망충전 대한민국' 캠페인이 대표적입니다. 모금 방송 중에 기부할 마음이 생긴 개인들은 화면에 표시된 ARS 번호로 전화를 걸어 기부할 수 있습니다. 상시적으로 ARS 프로그램을 운영하는 기관들도 있습니다. 주로 전화를 걸어 응답하는 동안 해당 기관에서 정해놓은 금액이 결제되는 방식입니다. 비교적 소액 기부에 많이 활용됩니다.

생각 나눔

가슴 찡한 사연과 여운 없는 ARS

경제적 어려움을 겪는 사람들의 안타까운 사연들을 라디오에서 접한 적이 있습니다. 유명 아나운서나 연예인들이 사연을 소개하고 기부를 독려하는 캠페인이었습니다. 방송을 듣는 내내 마음이 아파오면서도 희망의 끈을 놓지 않으려는 가족애에 감동을 받았습니다. 작은 힘이라도 보태려는 마음에 방송에서 불러주는 ARS 전화번호를 눌러 통화 연결을 시도했습니다.

"기부를 위한 ARS 전화입니다. '삐'소리 이후에 3,000원의 기부금이 결제됩니다. 원치 않으시면 끊으시면 됩니다."

ARS 메시지를 들으며 통화 연결이 됐다고 생각하던 찰나에 "삐이~, 결제가 완료됐습니다. 감사합니다."라는 아주 짧은 메시지가 들리더니 곧바로 전화가 끊어졌습니다. 안타까운 사연에 공감하며 가슴 뭉클해 있던 저는 "물건 샀으니 이제 가세요."라고 말하는 장사꾼처럼 전화를 끊은 ARS 때문에 기분이 상했습니다. 적어도 "여러분의 소중한 기부금이 ○○의 희망이 될 것입니다. 동참해주셔서 감사합니다." 정도의 조금만 더 따뜻하고 긴 메시지였다면 운전하는 동안 뿌듯한 마음이 계속 이어졌을 것입니다. 물론 단순히 행정적인 문제이고 제 기부금은 적절한 곳에 잘 쓰였을 거라 믿습니다. 기부금을 모금하는 기관에서 이런 부분을 조금만 더 신경 써주면 좋겠다는 마음이 들었습니다. 그리고 기부를 하려는 분들도 조금 너그러운 마음을 가지고 이런 일에 실망하지 않으면 좋겠다는 마음도 들었습니다. 무엇보다 자신이 처음 먹었던 마음을 지속적으로 이어나가는 것이 중요합니다.

문자 기부

문자를 발송하면 휴대전화 요금에 합산시킨 후 기관에 전달해 기부하는 모금 방식도 있습니다. ARS와 마찬가지로 해당기관에서 기부 금액을 설정해놓고 소액 기부 모금으로 많이 활용하고 있습니다.

온라인 기부

온라인 사이트에서 댓글이나 게시물 공유를 통해 기부하거나, 온라인 플랫폼에서 바로 기부도 가능합니다. 온라인으로 기부하는 대표적인 플랫폼은 네이버 '해피빈'과 카카오 '같이가치'입니다. 온라인 기부는 인터넷 환경의 변화만큼 다양하게 확대되는 양상입니다.

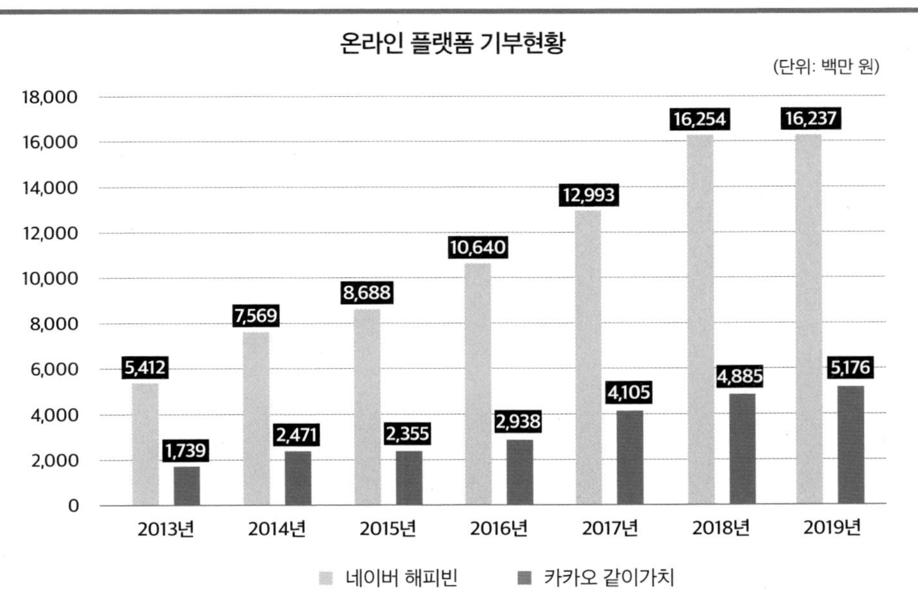

출처 : 네이버 해피빈·카카오 같이가치 홈페이지 '연도별 기부금 현황'

온라인 기부 1 **네이버 해피빈**

국내 최대 포털 사이트인 네이버에서 2005년 7월 개설한 국내 최초의 온라인 기부 포털 사이트입니다. 기부·펀딩·공감가게·가볼까·굿 액션 등 다양한 형태의 활동을 펼치고 있으며, 이를 통해 기부에 참여하고자 하는 사람과, 도움이 필요한 사람 및 단체를 연결해 주고 있습니다. 또한 100원 단위로 기부가 가능하여, 소액기부도 편리하게 할 수 있는 장점이 있습니다.

1) 일회성 기부

해피빈의 심사 기준을 충족한 해피로 그들이 해피빈 사이트에 게재한 많은 사업들 중, 기부자가 관심이 있는 곳에 일회성으로 기부할 수 있습니다. 일반적인 금전의 기부에서부터, 공익사업에의 펀딩, 공익적 물품을 구매할 수 있는 '공감가게', 직접 체험도 할 수 있는 '가볼까' 등 다양한 콘텐츠들을 확인하고 다양한 형태로 기부를 할 수 있습니다.

※ 해피로그란?

해피로그는 해피빈에서 모금활동을 하거나 자원봉사자를 모집하는 공익단체들을 말합니다. 해피로그로 등록하기 위해서는 다음의 조건을 충족해야 합니다.

- 공익적인 목적으로 설립되어 공익활동을 주된 사업으로 하는 비영리 단체
- 소외계층의 삶의 질 향상과 변화의 기회를 제공하는 사회복지단체 또는 기관
- 주민 참여를 통해 지역 사회의 변화와 공익을 추구하는 시민사회단체

2) 정기 기부

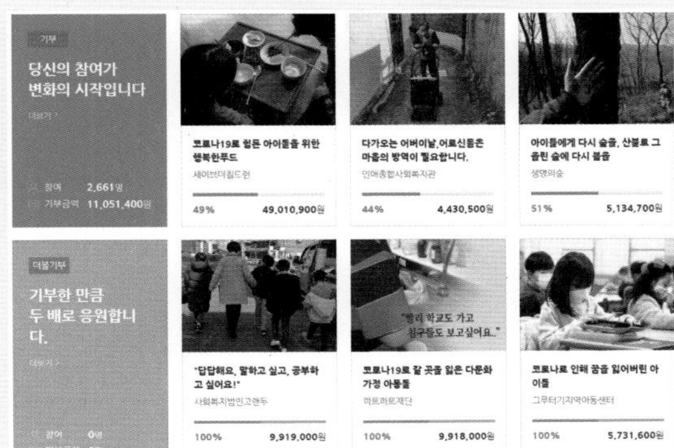

크게 정기기부와 정기저금 두 가지로 나눌 수 있습니다. 정기 기부는 말 그대로 원하는 기부 단체 및 사연에 정기적으로 직접 기부하는 것이며, 정기저금은 기부자가 생각하는 정기적인 기부 금액을 해피빈 사이트에 저축해 두는 형태입니다. 이 저축금액은 언제라도 기부자가 원하는 곳에 원하는 금액 만큼 기부할 수 있습니다. 또한 위 두 가지의 정기 기부는, 약정 금액의 10%를 후원콩으로 추가 적립이 되어 보다 많은 기부를 할 수 있습니다.

※ 해피빈 콩이란?
'콩'은 해피빈 사이트에서 기부를 할 수 있는 가상화폐로 콩 1개는 현금 100원의 가치를 가집니다. 콩은 콩 저금통을 통해 직접 결제, 구매하는 '충전 콩'과 네이버 쇼핑이나 블로그 등의 서비스를 이용하거나 해피빈에서 진행하는 캠페인에 참여하여 얻는 '후원 콩'으로 나뉩니다. 어떤 콩이든 해피빈에서 기부할 수 있으나, 후원 콩은 기부금 영수증은 발행되지 않으며 유효기간이 있으므로 이를 경과하게 되면 콩이 해피빈 측의 회수에 의해 없어집니다.

3) 그 외

기부자가 기부한 만큼 같은 금액을 해피 로그(주로 기업)가 기부하여 두 배의 기부를 만드는 더블 기부와, 기업과 스타가 함께 하여 온라인 기부자들의 참여(sns, 댓글 등)를 통해 도움의 손길을 만드는 굿 액션 등의 활동도 있습니다.

온라인 기부 2 카카오 같이가치

포털사이트 Daum으로 잘 알려져 있는 카카오는 누구나 쉽게 기부에 참여할 수 있는 사회공헌 플랫폼인 '같이가치'를 운영하고 있습니다. 기부하고자 하는 사람과 도움이 필요한 공익단체를 연결해주고 있습니다.

1) '같이가치'에 기부

'프로젝트 모금함'은 같이가치에 올라와 있는 모금함 중에서 기부자가 관심 있는 모금함을 선택해서 기부하는 방식입니다. '기념일 모금함'은 누군가가 기념일을 제안하고, 이를 기념해서 기부를 유도하는 프로그램입니다. 크리스마스나 장애인의 날과 같이 공식적인 기념일뿐만 아니라 스타의 생일, 공연일과 같이 팬들에게 의미가 있는 기념일을 기념하는 의미로 개설됩니다. 기념일 기부는 누구나 제안하여 모금함을 개설할 수 있으며, 모여진 기부금은 카카오 같이가치에서 선별한 기관 안에서 제안자가 선택할 수 있습니다.

※ 익명기부 : 같이가치에 기부할 때 '익명으로 기부하기'를 선택하시면 프로필 이미지와 닉네임이 '몰래천사'로 변경되어 익명으로 기부됩니다.

2) '참여기부금'으로 기부하기

참여기부금은 여러분이 어떤 모금함을 다른 사람에게 알릴 때마다 카카오에서 100원씩 대신 기부해주는 방식입니다. 참여자가 직접 기부하지는 않지만, 참여자의 노력으로 기부금이 모이는 것이라 의미가 있습니다. 참여기부금의 종류에는 응원, 공유, 댓글이 있습니다.

① 응원(각 콘텐츠의 하단에 응원 배너를 클릭하면 자동으로 카카오에서 100원을 기부하게 됩니다)

② 공유(응원 배너 옆 공유 배너 클릭하고 자신의 SNS에 해당 콘텐츠를 공유하면 카카오에서 공유기부금 100원을 기부하게 됩니다)

③ 댓글(각 모금함 페이지에 들어가서 댓글을 달면 카카오에서 100원의 기부금이 적립됩니다)

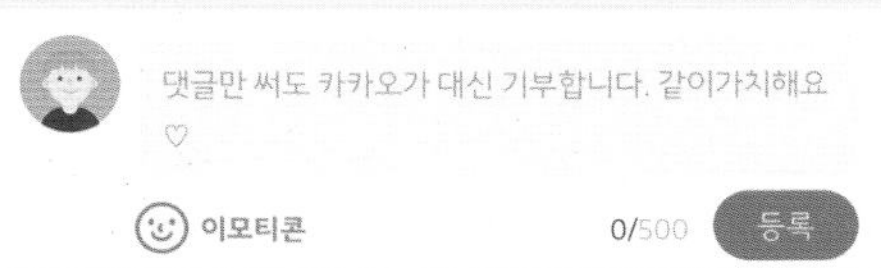

카카오 '같이가치' 이벤트에 참여해서 '기부 쿠폰 미션'을 달성하면 카카오톡 '같이가치' 플러스 친구에서 기부 쿠폰을 보내드립니다.

기부 쿠폰 시스템

※ 기부금 영수증 발급받기

매년 12월 중순 오픈되는 카카오 같이가치 마이페이지의 '기부금 영수증 발급 신청' 서비스에서 신청할 수 있습니다.

① 기념일 모금함에 기부한 경우 - 100% 기부금 영수증 발급이 가능합니다.

② 프로젝트 모금함에 기부한 경우 - 대부분 기부금 영수증 발급이 가능합니다. 기부금 영수증 발급이 불가능할 경우 모금함에 별도로 명시해두고 있습니다.

③ 참여기부금으로 기부한 경우 - 기부자를 대신하여 카카오에서 기부하기 때문에 이 경우는 기부금 영수증이 발급되지 않습니다.

④ 기부 쿠폰으로 기부한 경우 - 기부 쿠폰 또한 기부자 대신 카카오에서 기부하기 때문에 기부금 영수증이 발급되지 않습니다.

3) 같이타요 '어떤버스'

같이타요 '어떤버스'는 자원봉사와 기부를 동시에 할 수 있으며, 20~39세라면 모두가 참여할 수 있는 봉사 프로그램입니다. 봉사에 참여하기 위해서는 프로그램 참가비를 내야 합니다. 이 금액에 대해 기부금 영수증을 받을 수 있기 때문에 봉사와 기부가 함께 이루어지는 프로그램으로 이해하면 됩니다.

어떤버스는 누구와 어디로 봉사활동을 가게 되는지 모르는 채 출발하는 미스터리 봉사활동인데요. 사진에서 보는 것처럼 출발시간과 장소만 알려줍니다. 버스 힌트를 클릭해보면 대략 어떤 봉사활동을 하게 되는지 힌트를 얻을 수 있죠. 자원봉사를 하고 싶은 마음은 있지만 방법을 몰라 망설이는 분들은 어떤버스를 통해 함께 봉사할 수 있는 친구도 만나고 자원봉사에도 참여할 수 있는 1석 2조의 기회를 만날 수 있습니다.

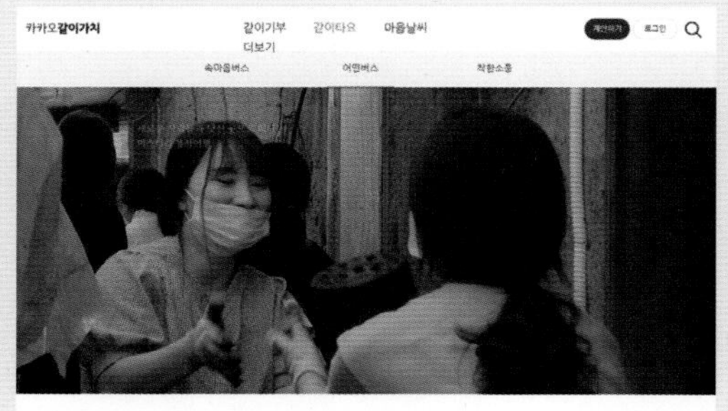

어떤버스 2019 시즌10 '어뻐는 열살'

현장 기부

외국에서는 기부 파티를 자주 개최합니다. 현장 기부의 대표적인 방식입니다. 대부분의 자선 행사는 모금함이 설치돼 있는 경우가 많습니다. 구세군의 거리 모금도 현장 기부의 방식 중 하나입니다.

계좌이체

계좌이체는 자신의 계좌에서 기부 기관의 계좌로 기부금을 보내는 방식입니다. 비정기 기부와 정기 기부 모두 가능합니다. 정기 기부를 자동이체로 설정해두지 않으면 기부자가 깜빡 잊고 계좌이체를 하지 않는 경우가 생길 수 있습니다.

CMS(cash management system)

기부자가 은행에 직접 가지 않아도 모금기관이 통신과 컴퓨터를 이용해 은행 계좌의 잔고 내에서 매월 일정한 날짜에 기부금을 출금해가는 형식입니다. 가장 대중화된 정기 기부의 방식입니다. CMS는 기부자의 잔고가 관리되는 한 지속적으로 기부할 수 있습니다. 간혹 너무 익숙해질 경우 자신이 기부하고 있다는 사실조차 잊어버리기도 합니다. 기부는 의식적인 행동입니다. CMS로 기부를 하더라도 자신이 얼마를 기부하고 있고, 기부금이 어떻게 활용되는지에 대해 기부자 스스로 신경 써야 한다는 점을 기억해두길 바랍니다.

지로(OCR)

대한적십자사에서 주로 쓰고 있는 기부 방식입니다. 전기요금이나 수도요금 같은 공과금을 내듯이 은행에서 지로용지로 기부금을 납부할 수 있습니다.

신용카드

신용카드로도 기부금 결제가 가능합니다. 신용카드 사용 수수료는 기부기관에서 부담하는 방식으로 이뤄집니다. CMS도 마찬가지입니다. 신용카드 기부의 장점은 카드 종류에 따라 마일리지 포인트의 적립이 가능하고, 카드 내역을 확인해 기부 가계부를 만들기 편하다는 것입니다.

기부에는 이처럼 다양한 방식이 있습니다. 무엇보다 자신에게 맞는 방식을 선택해야 지속적으로 기부할 수 있습니다. 자칫 너무 편리한 방법만 찾다 보면 기부를 시작할 때의 마음을 잊을 수 있습니다. 따라서 자신의 기부 철학을 명확히 기억하면서 기부를 지속해나가려는 노력을 잊지 않는 것이 중요합니다.

나에게 맞는 기부 규모란?

기부 규모는 기부자 각자의 상황과 생각에 따라 다르게 정의될 것입니다. 따라서 나에게 맞는 기부 규모란 내가 평소에 기부 생활을 하면서 경제적으로 너무 힘들게 생각되지 않는 정도가 바람직하다고 생각합니다. 작은 기부금액이라도 그것들이 모이면 큰 힘을 발휘할 수 있기 때문에 우리나라 기부문화 저변 확대를 위해 소액 기부의 활성화가 매우 중요합니다. 기부는 금액의 문제가 아니라, 의식과 행동의 문제에서부터 출발하기 때문입니다. 하지만, 다양한 기부 동기로 인해 큰 규모의 기부를 결심하게 되는 경우도 있습니다. 기부자의 뜻과 기부 방식을 반영하여 보다 집중적으로 기부 프로그램을 실행할 수 있기 때문입니다. 대신 행정적, 세무적인 차원에서 더 많은 관심과 노력이 필요합니다.

여러 모금기관에서 고액 기부를 위한 별도의 프로그램들을 운영하고 있어 소개하고자 합니다. 이를 통해 같은 금액을 일정 기간에 나눠서 할 것인지, 아니면 모아서 한 번에 고액 기부를 할 것인지에 대한 고민도 함께 해보면 좋겠습니다.

고액 기부 사회복지공동모금회 아너소사이어티

2007년 12월에 만들어진 사회복지공동모금회의 아너소사이어티는 사회문제에 대한 관심과 이해를 바탕으로 참여와 지원을 통해 더 밝은 내일을 여는 사회 지도층 모임입니다. 갈수록 심화되는 양극화로 인해 사회 공동체가 당면하게 될 사회적인 문제를 해결하고자 함은 물론 우리 사회의 오랜 나눔의 전통을 현대사회에 맞게 되살려 한국형 노블레스 오블리주 문화를 만들어 가고자 만들어졌습니다.

1) 홈페이지 : www.chest.or.kr

2) 자격조건

- 정회원 : 일시 또는 누적으로 1억 원 이상의 기부금을 완납한 개인 기부자
- 약정회원 : 5년 이내에 1억 원 이상을 납부하기로 약정한 개인 기부자 (최초 가입 금액 300만 원 이상, 매년 일정 비율 20%로 기부)
- 특별회원 : 1억 원을 기부한 사람이 자신을 대신해서 회원으로 추대한 경우

3) 회원 예우 및 활동

- 봉사 : 복지현장을 직접 방문하여 봉사활동을 수행, 정기적인 아너소사이어티 모임봉사 외에도 개인봉사, 가족봉사를 원할 시 별도로 요청할 수 있음. 언론, 인터뷰 및 기고, 토론회 및 세미나 참석과 같은 적극적인 대외활동을 통해 나눔문화 확산을 위한 회원 역할을 수행
- 만남 및 교류 : 연 1회 회원의 날을 통해 회원 간의 화합을 도모하고, 모임의 경과보고 및 사업보고를 받을 수 있음. 지역 상황에 따라 지역별 회원의 날을 개최하기도 함. 정부 및 주요 공공기관의 초청 행사, 사랑의 열매 행사에 VIP 자격으로 초청됨

고액 기부 대한적십자사 레드크로스 아너스클럽(Red Cross Honors Club)

대한적십자사의 레드크로스 아너스클럽은 누적 기부 금액 기준으로 대한적십자사에 1억 원 이상을 기부했거나 기부를 약속한 고액 기부자 클럽입니다. 대한적십자사는 창립 111주년을 맞이하여 2016년 9월 30일에 고액 개인 기부자 클럽인 레드크로스 아너스클럽을 출범했습니다.

1) 홈페이지 : www.redcross.or.kr

2) 자격조건

- 정회원 : 1억 원 이상(일시 또는 누적으로 1억 원 완납한 개인 기부자)
- 약정회원 : 1억 원 이상 약정(기부금을 5년 이내에 납부 약정한 개인 기부자)

3) 회원 예우 및 활동

- 가입식, 회원 유공포상 추천, 전국 및 지역 단위 네트워크 기회 제공
- 인도주의 스타트업 공모전 심사위원 초빙
- 봉사활동 및 견학 기회 제공
- 국제 구호활동 기회 제공 (실비 부담)

고액 기부 **유니세프 아너스클럽**

유니세프의 아너스클럽은 도움이 필요한 전 세계 어린이들을 위해 1억 원 이상의 고액을 기부한 사람들의 모임입니다. 후원자를 예우하고 우리 사회에 나눔과 봉사의 정신을 전파하기 위해 2015년 5월 28일에 결성되었습니다.

1) 홈페이지 : www.unicef.or.kr

2) 자격조건

- 정회원 : 누적 또는 일시에 1억 원 이상 기부한 후원자
- 약정회원 : 향후 5년 이내 1억 원 이상 기부하기로 약정한 후원자(최초 후원 금액 500만 원 이상, 매년 20% 이상 기부 약정)
- 예비회원 : 연간 1,000만 원 이상 꾸준히 기부하는 후원자
  - 1억 원 이상 기부 시 희망하는 국가 또는 캠페인을 지정할 수 있는 맞춤형 후원 프로그램 소개
  - 부부, 부모와 자녀 같은 가족 또는 5인 이하의 모임에서 공동으로 1억 원 이상 후원 가능

3) 회원 예우 및 활동

- 필드트립 : 몽골, 캄보디아 등 아시아권 국가 또는 회원들이 희망하는 국가의 필드트립 참가 또는 덴마크 코펜하겐에 위치한 유니세프 물류 창고 방문
- 네트워킹 : 아너스 클럽 정기모임 및 한국위원회 주최 행사 참여
- 정보제공 : 후원금 사용내역 보고, 유니세프 사업보고 등

굿네이버스 더네이버스클럽

2016년 4월에 결성된 더네이버스 클럽은 나눔을 통한 좋은 변화를 이끄는 굿네이버스 특별회원 모임입니다. 후원 이상의 가치 실현을 지향하고 기부 문화 확산을 이끌어 가기 위해서 운영되고 있습니다.

1) 홈페이지 :
www.goodneighbors.kr

2) 자격조건

- 연간 1,000만 원 이상 후원한 기부자
- 유산 기부 및 약정 기부를 이행하겠다고 서약한 회원
- 굿네이버스의 나눔 가치에 지속적으로 동참하며 나눔문화 확산에 기여한 바에 있어 타의 귀감이 되는 회원

3) 회원 예우 및 활동

더네이버스클럽의 등재회원이 되면 개별 나눔 컨설팅, 후원 사업 결과 보고, 국내/해외 사업장 방문, 사업현장 현판 설치, 온/오프라인 예우공간 등재, 정부 나눔 포상 추천, 나눔 활동 홍보 등의 예우를 받을 수 있습니다.

기부 상식

맞춤형 계획 기부(Planned Giving)

기성복은 사람들의 평균적인 신체 조건에 맞춰 제작되기 때문에 팔이 길기도 하고, 허벅지가 꽉 끼기도 합니다. 물론 맞춤복을 입으면 자신의 몸에 꼭 맞는 옷을 찾을 수 있지만 기성복에 비해 비싸죠. 기부에도 맞춤복처럼 맞춤형 기부가 있습니다. 자신의 몸에 맞춰 제작되는 맞춤 의상처럼 기부도 자신이 원하는 목적, 대상, 방법 등을 정해 기부 프로그램을 만들기도 합니다. 학계에서는 '계획 기부(Planned Giving)'라고 부릅니다. 여기서는 기부자의 뜻에 맞춰 계획된 기부라는 의미를 살리기 위해 맞춤형이라는 표현을 추가했습니다. 맞춤형이라고 하는 이유는 기존 프로그램을 선택해 기부하는 경우와 구별하기 위한 목적도 있습니다.

우리나라에서 주로 등장하는 맞춤형 계획 기부 방식엔 몇 가지가 있습니다. 기부 프로그램의 제작 및 운영에 따라 기본적인 비용이 수반되기 때문에 고액 기부에서 주로 이루어지는 편입니다. 형태는 다양해도 모두 기부자의 기부 철학에 따라 유지·운영되는 방식입니다.

- 유산 기부(bequest): 유언을 통한 고액의 기부
- 개인재단(private foundation): 재단의 형태를 만들어 기부금을 집행
- 기부자조언기금(donor-advised fund): 기부자가 자선 기관 내에 펀드를 설립해 운영하는 형태로서 기부자는 운영 및 배분에 대해 조언
- 공익신탁: 법무부 관리하에 은행에서 기금을 운영해 기부금을 집행

별도의 제도를 활용해 맞춤형 계획 기부가 이뤄지기도 하지만, 큰 규모의 기부가 이뤄질 때마다 모금 기관에서 기부자의 뜻대로 기부 프로그램을 설계해 운영하기도 합니다. 추가적인 세금 감면, 연금 지급 보장 등의 제도적 지원이 충분히 이루어지고 있는 해외에 비해 우리나라는 맞춤형 기부를 위한 지원이 부족합니다. 일명 김장훈법이라 불리는 기부연금제도도 법안이 국회에서 통과되지 못하고 있는 실정입니다. 하지만, 기부 문화의 확산과 신탁제도의 변화에 따라 자선 신탁 형태의 다양한 맞춤형 계획 기부가 등장할 것으로 기대하고 있습니다.

공익 신탁

공익신탁이란 기부를 하려는 사람이 기부재산을 일정한 개인이나 기관에 맡겨 관리하게 하면서 그 원금과 수익을 기부자가 지정하는 공익적 용도로 사용하게 하는 제도입니다. 공익신탁은 기부자와 수탁자 간에 신탁계약을 체결하고 법무부의 인가만 받으면 즉시 설정할 수 있고, 별도의 조직을 운영할 필요가 없어서 공익법인의 설립에 비해 상대적으로 적은 관리 비용이 소요되며, 신청일로부터 3개월 이내에 인가 여부가 결정됩니다. 공익신탁은 신탁의 특성상 수탁자의 고유재산과는 분별 관리되고, 수탁자가 파산하더라도 영향을 받지 않습니다. 또한 기부재산을 신탁계약에서 정한 목적으로만 사용할 수 있으므로 위탁자의 의지대로 재산이 사용됩니다.

※ 현재 공익 신탁은 총 31개(2020년 9월 기준)가 운영되고 있습니다. 저는 개인적으로 공익 신탁에 관심이 많아 '이상현의 장애 청소년 문화체육활동을 위한 공익신탁'을 만들고 아너소사이어티에 가입했습니다. 공익신탁공시시스템 홈페이지에서 관련된 내용을 확인할 수 있습니다.

홈페이지 www.trust.go.kr | **공익신탁 문의** 02-2110-3167

나에게 맞는 기부 기관은 어디일까

기부금을 수혜자와 수혜 기관에 전달하려면 기부 기관에 기부를 해야 합니다. 여기서는 기부 기관의 핵심이라 할 수 있는 비전과 미션, 투명성을 살펴보고 영역별 기부 기관을 찾는 방법, 대상별 기부 기관을 찾는 방법을 소개하도록 하겠습니다.

기부 기관의 비전과 미션 살펴보기

가장 먼저 자신의 기부 철학에 부합하는 설립 목적을 가진 기관과 사업을 찾아야 합니다. 아무리 좋은 사업이라도 기부자의 뜻과 거리감이 있다면, 기부자가 보람을 느끼기 어렵습니다. 기부 기관의 방향은 다양한 방식으로 표현됩니다. 기부 기관이 바라는 미래의 이상적인 모습에 대한 철학적 목표인 비전, 이를 실천하기 위한 구체적 행동 방식과 임무를 의미하는 미션이 있습니다. 자신들의 핵심 가치를 구체적으로 나열해서 설명하거나 이해하기 쉬운 슬로건을 통해 모금 기관이 추구하는 모습을 쉽게 보여주는 곳들도 있습니다.

구분	기관명	내용
설립이념	유니세프	차별 없는 구호의 정신
비전	바보의 나눔재단	모든 사람들이 존중하고 감사하는 마음으로 서로 사랑하고 서로 나눔으로써 사람이 사람답게 살 수 있는 세상을 꿈꿉니다.
미션	초록우산 어린이재단	어린이가 꿈을 키우며, 올곧게 자라나 행복한 삶을 누릴 수 있는 세상을 만들어 갑니다.
핵심가치	월드비전	우리는 가난한 사람들을 위해 헌신합니다.
슬로건	굿네이버스	세상을 위한 좋은 변화

기부 기관의 투명성 살펴보기

기부 기관을 선택할 때 가장 먼저 해당 기관의 프로그램이 눈에 들어오기 마련입니다. 아무리 효과적이고 뜻깊은 프로그램을 내세웠다고 해도 가장 먼저 기부 기관의 투명성부터 살펴봐야 합니다. 투명성은 기부금 사용에 대한 횡령과 배임 문제를 포함해, 회계 자료의 명확한 제공과 올바른 운영에 관련된 개념입니다. 기관의 회계적 투명성뿐만 아니라 감사 기구 역할, 조직 운영의 투명성까지도 아우릅니다.

특히 투명성은 기부자와 모금기관 간의 신뢰의 바탕이 되는 가장 기본적인 약속이므로, 많은 관심을 기울여야 합니다. 그럼 기부 기관의 투명성을 점검할 수 있는 방법들을 살펴보겠습니다.

기부 기관 홈페이지 탐색

홈페이지는 기부 기관이 기부자와 시민들을 대상으로 자신의 활동을 알리는 주요 창구입니다. 홈페이지에 공시된 사업 보고서, 결과 보고서, 재무 보고서를 통해 사업의 전반적인 상황을 살펴볼 수 있습니다. 기관의 정관이나 이사회 등의 조직 정보, 기부금 운영과 관련된 감사 조직 등의 정보를 제공하는 기관도 있습니다. 자료를 외부에 공개하고 보기 쉬운 자료들을 게재하는 편이지만, 기부 기관 자체적으로 올린 자료이므로 객관성의 측면에서 한계가 있습니다.

기부 기관 관련 언론 보도 살펴보기

기부 기관에 대한 언론 보도 내용을 살펴보면 기부 기관의 문제점을 파악할 수 있습니다. 비리, 횡령, 유용, 사기 등의 사건과 연루되지는 않았는지를 살펴보는 간단한 방법으로 기부 기관의 투명성을 점검할 수 있습니다. 특히 적극적인 조사가 어려울 때 간단하지만 최근 문제가 있는 기관을 피할 수 있는 방법입니다.

국세청 공익법인 공시자료 살펴보기

대체로 기부를 고민하는 기관들은 세법상 공익 법인입니다. 즉 기부금을 모금할 수 있고, 기부금 영수증을 발행할 수 있는 기관입니다. 공익 법인들은 공시 의무가 있으며 매년 국세청 홈택스(www.hometax.go.kr)에 기부금 모집 결과와 사용 결과를 공개하고 있습니다.

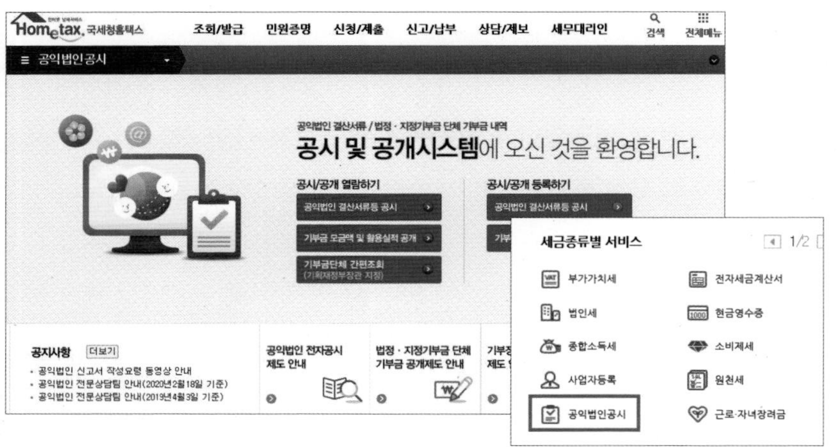

국세청 홈페이지에서 공익 법인의 결산 서류를 찾아볼 수 있으며, 기부금 모금액 및 활용 실적 확인도 할 수 있습니다. 또한 공익 법인 공시제도 등에 대한 설명도 잘 나와 있습니다.

모금 기관 규모 살펴보기

모금 기관을 조사할 시간이 부족하고 복잡한 회계나 세무 자료들의 분석이 어렵다면 큰 규모의 모금 기관들을 통해 기부를 시작하는 것도 좋은 방법입니다. 대형 모금 기관들에서는 기부금 관리를 위한 전문 인력과 부서를 운영하는 편이고, 외부 감사 의무 대상이기도 합니다. 물론 과거 사례를 보면 큰 기관에서도 횡령과 같은 사건이 발생한 적이 있습니다. 따라서 무조건 신뢰하기보다 평판, 공시, 자체 감사 시스템 등을 활용해 다양한 각도로 접근할 필요가 있습니다.

최근에는 사회적인 관심이 늘어남에 따라 기부금 사용 내역 공시와 외부 회계 감사 대상도 점차 소규모 모금 기관들로 확대되는 추세입니다. 모금 기관의 규모를 떠나 투명한 운영에 의심이 된다면, 해당 기관의 프로그램에 대해 직접 설명을 듣고, 현장을 방문해 실제 운영 현황을 확인하는 것이 가장 바람직합니다.

기부 상식

투명성 평가 (한국가이드스타)

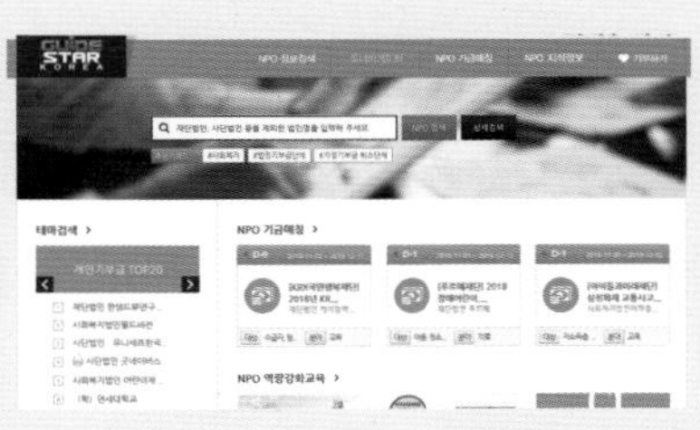

기부 선진국인 미국에는 기부 기관을 평가하는 다양한 기관들이 존재합니다. 가이드스타(Guidestar)와 채러티내비게이터(Charity Navigator)가 가장 대표적입니다. 한국에서도 최근 한국가이드스타가 설립돼 운영 중입니다. 한국가이드스타는 국세청으로부터 기부 기관들의 공시 자료를 제공받아 투명성과 효율성을 평가하고 점수화해 도너내비게이터를 운용 중입니다. 현재는 우수한 평가를 받은 기관들의 정보만 공개하고 있습니다. 기부 단체들의 적극적인 참여를 통해 기부자가 보다 편리하게 기부 기관의 운영 상황을 살펴볼 수 있기를 바랍니다. 물론 객관적인 자료가 있다고 해도 다른 사람이 평가한 내용에 좌우되지 않고 기부 기관과 지속적인 소통을 통해서 스스로 평가하고 선택하는 것이 중요합니다.

홈페이지 www.guidestar.or.kr | **문의** 02-843-8483

영역별 기부 분야와 기부 단체 찾기

사회복지, 경제, 정치, 문화예술, 학술 및 교육, 안전, 환경 및 동물, 의료 및 건강, 농어촌, 인권, 지역사회, 스포츠, 역사 등 기부할 수 있는 분야를 영역별로 나눠 한국에서 활동하는 주요 기관들을 소개하고자 합니다. 본 장에서 소개되는 모금기관의 기부금 수입과 지출, 홈페이지 및 연락처는 별도 표시가 없는 경우 2020년 9월을 기준으로 작성되었습니다.

사회복지 분야 기부

기부자들이 가장 쉽게 접할 수 있는 분야가 사회복지 분야입니다. 사회복지 분야는 다양한 영역을 포괄하는 분야입니다. 우선 사회복지의 개념을 살펴보죠. 사회복지는 좁은 의미로는 아동·노인·장애인을 비롯한 취약계층에 대한 금전 및 서비스의 제공으로 이루어지는 활동들을 의미합니다. 넓은 의미로는 사회사업 이외에 사회정책·사회보장·주택보장·공중위생·비행문제 대책 등을 포함합니다. 사회복지는 포괄적인 정의 때문에 앞서 이야기한 다양한 영역에서 수행되는 경향이 큽니다. 실제로 사회복지 분야에서 활동하는 많은 기관들은 사회 취약 계층을 대상으로 경제·교육·주거·의료·인권·문화 등에 걸쳐 다양한 사업을 활발히 진행하고 있습니다.

● 사회복지공동모금회

'사랑의 열매' 배지를 가슴에 단 사람들을 많이 봤을 겁니다. 바로 그 배지가 사회복지공동모금회의 상징입니다. 1998년에 설립된 사회복지공동

모금회(이하 모금회)는 우리나라에서 가장 많이 알려진 모금 단체입니다. 법정 기부금 단체로 지정돼 있으며, 다른 사회복지 영역의 기관들과는 달리 직접 사업을 수행하기보다 모금한 돈이나 물품을 다른 사회복지 기관에 배분하는 역할을 수행하고 있습니다. 모금회는 전국 광역자치단체별로 지회를 두고 모금활동을 펼치고 있으며 매년 3만여 곳의 사회복지 기관 등을 통해 400여만 명의 소외계층에게 배분하고 있습니다. 국내에서 가장 많은 돈을 모금하는 기관 중 하나이며 국정감사·보건복지부 감사·외부 시민참여위원회 등을 통해 보다 투명하고 효율적으로 사업을 관리하기 위해 노력하고 있습니다.

사회복지공동모금회 chest.or.kr / 02-6262-3000

설립일	1998년 7월 지방공동모금회(16개) 출범 1998년 11월 중앙공동모금회 설립 후 첫 연말 집중모금 시작
주요 사업	**기금 모금사업**: 매월 일정액을 기부하는 '매월정기기부', 자녀와 함께하는 기부인 '착한가정', 자영업자들이 매월 매출액의 일정액을 기부하는 '착한가게', 매월 급여의 일정액을 자동공제하는 '착한일터', 1억 원 이상 고액 기부자들의 모임인 '아너소사이어티' 등과 같은 다양한 개인 기부 프로그램을 운영하고 있습니다. **배분사업**: 모금회는 후원금을 다양한 사회복지 영역의 기관들에게 배분해주고 있습니다. 경제적 빈곤 퇴치, 결식 예방, 의료, 교육, 여성, 위생, 재생에너지, 고용 및 창업, 기술, 아동 보호, 지역사회 인프라 구축, 기후 변화, 생태계 보호, 인권옹호 등의 다양한 영역에서 활동하는 기관들에게 심사를 거쳐 일정 금액을 배분하고 있습니다.
기부금 내역 ※ 출처: 국세청 공시자료	2019년 기부금 수입: 654,095,720,658원 2019년 기부금 지출: 613,183,188,455원

기부 상식

기부금 단체란?

기부금을 모집할 수 있는 단체는 법정 기부금 단체, 지정 기부금 단체, 기부금 대상 민간 단체(개인 기부금만 모금 가능)로 나눌 수 있습니다. 우리나라는 기부 문화 활성화를 위해 모금 기관이 법에서 정한 일정 요건을 갖추었을 경우, 해당 단체에 기부한 기부금에 대해 세액 공제 혜택을 주고 있습니다. 즉, 내가 기부한 기관이 어떤 유형의 기부금 단체에 속하는지에 따라 세액 공제 비율이 달라집니다. 법정 기부금 단체가 가장 많은 세액 공제 혜택을 받을 수 있습니다. 자세한 사항은 기부금 세액 공제 챕터를 참조하세요.

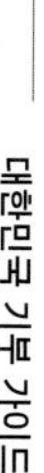

● 바보의 나눔

재단법인 바보의 나눔은 고(故) 김수환 추기경의 사랑과 나눔의 정신을 잇기 위해 추기경의 선종 다음 해에 설립된 법정 기부금 단체입니다. 스스로를 바보로 부르며 모든 사람이 사람답게 사는 세상을 꿈꾸었던 김수환 추기경의 뜻에 따라 나눔을 실천하기 위해 설립되었습니다. 추기경의 뜻을 이어 인종·국가·종교와 무관하게 도움이 필요한 이웃에게 나눔을 실천하며 민간 모금과 배분을 전문으로 하고 있습니다.

바보의 나눔 www.babo.or.kr / 02-727-2506~8

설립일	2010년 2월
주요 사업	**공모 배분사업**: 연 1회 공모를 통해 국내외 법인, 기관, 단체 및 개인을 대상으로 일정 금액을 지원합니다. 아동, 노인, 미혼모, 장애인, 다문화가정, 지역공동체, 비영리단체 실무자 등 각 대상별로 지원 필요성이 인정되는 사업에 대해 심사를 거쳐 사업비를 지원합니다. **지정기탁사업**: 기부자가 지원하고 싶은 특정한 단체가 있을 경우, 기부처를 지정하여 기부할 수 있습니다. 특정 단체는 없지만 관심을 가지고 있는 분야가 있을 경우에는 바보의 나눔에서 기부자의 관심사에 맞게 기탁 방향을 결정하고 제안을 해줄 수도 있습니다.
기부금 내역 ※ 출처: 국세청 공시자료	2019년 기부금 수입: 20,028,147,999원 2019년 기부금 지출: 11,493,408,034원

● 유니세프 한국위원회

1946년 12월 11일 미국에서 설립된 유니세프는 유엔아동기금(United Nations Children's Fund, UNICEF)의 약자입니다. 원래는 유엔아동긴급구호기금(United Nations International Children's Emergency Fund)이었으나 1953년에 현재 이름으로 변경됐습니다. 유니세프는 190여 개 나라 및 영토에서 굶주리는 어린이를 위해 활동하는 단체로서 1965년 노벨평화상을 수상하기도 했습니다. 우리 주변에서도 모금 광고, 길거리 모금을 통해서 자주 접할 수 있는 기관입니다.

유니세프 한국위원회는 선진국에서 활동하고 있는 33개의 유니세프 국가위원회 중 하나로 한국의 민간 부문을 대상으로 기금 모금사업을 하여 유니세프 본부를 통해 개발도상국에 지원금을 보내고 있습니다. 세계 어린이 현황을 한국 사회에 홍보하는 한편 어린이 권리 향상을 위한 활동을 하고 있습니다.

유니세프 코리아 www.unicef.or.kr / 02-737-1004

unicef for every child

설립일	1946년 12월 유니세프 설립 1994년 1월 1일 유니세프 한국위원회 출범
주요 사업	**기금모금사업**: 세계에서 다양한 어려움에 처한 아동을 돕기 위해 국내에서 기금을 모금하고 있습니다. 모여진 기금은 각국의 어려운 아동의 삶의 질 향상을 위해 쓰여지고 있습니다. **아동권리 옹호**: 유니세프는 유엔아동권리협약(제45조)에 명시된 유일한 유엔 기구로서 각 당사국 정부에 협약 이행에 관한 제언과 자문을 제공합니다. 유니세프 한국위원회는 유엔아동권리협약을 바탕으로 한국 아동 권리 실현을 지원합니다. - 아동 친화 도시 및 아동 친화 사법체계 구축 - 아동 권리를 존중하는 학교, 병원, 기업 만들기

- 유엔권리협약 이행 촉구와 이행 상황 모니터링
- 아동이 참여하고 발언할 수 있는 기회 제공
- 아동 권리 인식 제고를 위한 교육과 캠페인 제공

기부금 내역 ※ 출처: 국세청 공시자료	- 2019년 기부금 수입: 136,617,569,509원 - 2019년 기부금 지출: 125,259,175,091원

● 월드비전

월드비전은 빈곤의 근본적인 원인을 해결하기 위해 아동·가족·지역 사회 빈곤 계층 전체의 자립을 목표로 보건위생·교육·정서적 성장·생계 유지·아동 보호 교육 등의 다양한 분야에서 사업을 시행하고 있습니다. 전 세계 가장 취약한 아동·가정·지역 사회가 빈곤과 불평등에서 벗어나도록 하나님의 사랑을 실천하고, 모든 파트너와 함께 지속 가능한 변화를 만들어가는 글로벌 NGO로서 설립·운영되고 있습니다.

월드비전 www.worldvision.or.kr / 02-2078-7000

World Vision

설립일	1950년 (국제 월드비전 설립) 1964년 3월 11일 (한국 월드비전 설립)
주요 사업	**국제 개발사업**: 지역 개발 사업과 분야별 특별 사업, 국제 질병 퇴치 사업으로 나뉩니다. 지역 개발 사업에서는 해외 아동 후원금으로 후원 아동이 사는 마을과 지역의 온전한 자립을 돕고 있습니다. 분야별 특별 사업에서는 각 지역의 필요에 따른 사업을 진행해 고통받는 지구촌 이웃들의 삶을 돌보고 있습니다. 국제 질병 퇴치 기여금은 국제선 출국 항공권 1장당 1,000원의 기여금이 부과되는 제도입니다. 우리나라에서 출발하는 국제선에 탑승할 때마다 탑승객들은 아프리카를 비롯하여 전 세계에서 가장 가난한 나라를 지원하는 데 쓰이는 소중한 1,000원을 기부하게 됩니다. 이를 활용해 사업을 진행하고 있습니다. **국제 구호사업**: 재난 대응 사업과 식량 위기 대응 사업, 취약 지역 및 국가 지원 사업으로 나누어집니다. 먼저 재난 대응 사업으로 재난 경감, 긴급 구호, 재건 복구의 3대 사업이 진행되고 있습니다. 식량 위기 대응 사업은 유엔세계식량계획(WFP)의 공식 협력기관으로서 전 세계 가난과 굶주림에 처한 이들을 지원하고 있습니다. 취약 지역 및 국가 지원사업에서는 사회 전반에 걸쳐 총체적 위기에 처한 국가를 대상으로 지역 재건사업을 통해 자국민의 안전한 삶을 돕고 있습니다. **국내 사업**: 월드비전은 국내에서도 다양한 활동을 펼치고 있습니다. 결식 아동, 장애인, 독거 어르신을 위한 사랑의 도시락 사업과 아동 교육 및 학습을 지원하는 꽃때말 교육사업, 위기 아동 지원사업, 아동권리 보호사업과 함께 사례 관리도 같이 진행하고 있습니다.
기부금 내역 ※ 출처: 국세청 공시자료	- 2019년 기부금 수입: 204,807,998,224원 - 2019년 기부금 지출: 203,755,389,347원

● 굿네이버스

사회복지 분야의 많은 기관 및 단체들은 한국전쟁 당시 국내에 들어온 해외 원조 기관에 뿌리를 두고 있는 곳이 많습니다. 반면 굿네이버스는 한국 토종 NGO입니다. 국내에서 시작된 NGO 중에서는 괄목할 만한 성장을 보여주고 있는 기관입니다. 아동 보호 정책을 기반으로 사업을 수행해 아동의 건강한 성장과 발달을 보장하고, 아동의 잠재력이 충분히 발휘될 수 있도록 지원함으로써 완전한 아동 보호를 실현하기 위해 설립·운영되고 있습니다.

굿네이버스 www.goodneighbors.kr / 02-6717-4000

세상을 위한 좋은 변화 굿네이버스

설립일	1991년 3월 28일
주요 사업	**국내 복지사업**: 학대 피해 아동 보호 및 예방(아동보호 전문기관과 그룹홈을 운영)과 심리 정서 지원, 위기 가정 아동 지원, 지역 사회 복지 지원(종합사회복지관, 어린이집, 여성 새로 일하기 센터 운영), 시설 아동 지원으로 나뉩니다. 국내의 아동 보호를 중심으로 활발한 활동을 펼치고 있습니다. **사회개발 교육사업**: 유엔아동권리협약(UNCRC)에 입각해 아동의 권리를 보호하고, 성폭력, 유괴 등 아동 권리 침해 상황을 예방하기 위해 다양한 교육을 진행하고 있습니다. 아동 권리 교육과 권리 옹호 활동, 대국민 활동, 언론 활동, 연구 활동 및 정책 제안을 포함합니다. **국제 구호개발사업**: 굿네이버스는 국제 구호 개발과 관련해 지역 개발사업, 교육 보호, 보건 위생, 소득 증대, 권리 옹호 등 다양한 사업을 펼치고 있습니다. 총 35개국 191개 지역에서 활동하며 아동의 기본적인 권리 보호 및 건강한 성장을 위해 노력하고 있습니다.
기부금 내역 ※ 출처: 국세청 공시자료	- 2019년 기부금 수입: 162,459,903,179원 - 2019년 기부금 지출: 164,931,822,628원

● 희망친구 기아대책

희망친구 기아대책은 국내 최초의 국제 구호 개발 NGO로서 국내를 비롯해 전 세계 54개국의 소외된 이웃들의 자립을 위해 활동하고 있습니다. 굶주림을 겪는 아이와 가정, 공동체가 회복되고 영적, 육체적으로 성장할 수 있도록 국내외에서 다양한 지원사업을 수행하고 있습니다. 즉, 기독교적 신념을 중심으로 설립·운영되고 있습니다.

희망친구 기아대책 www.kfhi.or.kr / 02-544-9544

설립일	1989년 10월
주요 사업	**국내 복지사업**: 크게 국내 아동 지원, 지역사회 복지, 위기 가정 지원으로 나뉩니다. 홈페이지에는 각각의 사업 목표와 사업 현황, 중점 사업과 함께 변화 사례도 같이 제시하고 있습니다. **국제 구호개발사업**: 해외 아동 결연, 생계 지원, 교육, 인도적 지원, 보건 의료, 영성으로 나누어져 있습니다. 기독교 신념을 중심으로 둔 단체답게 영성 사업에 있어서는 교회 건축 개·보수, 성경 보급, 리더 훈련 등이 포함됩니다. **북한 사업**: 크게 북한 아동 개발 사업, 북한 지역 개발 사업, 통일 준비 사업, 긴급 구호 사업으로 나뉩니다. 각각의 사업은 사업 목표, 사업 현황, 중점 사업을 명시적으로 제시하고 있습니다. **생명지기**: 건강권 확충을 위한 생명지기(Saving Life) 사업은 긴급 의료 지원, 정책 개발 시범 사업, 보건 의료 CSR로 나누어져 진행됩니다. 여기서도 사업의 목표, 현황, 중점 사업, 차별성, 변화 사례 등을 홈페이지에서 제공하고 있습니다. **행복한 나눔**: 나눔 가게와 커피 사업으로 크게 구분돼 수행됩니다. 행복한 나눔은 현물 및 물품 기부를 중점으로 한 것입니다.
기부금 내역 ※ 출처: 희망친구 기아대책 홈페이지	- 2019년 기부금 수입: 57,492,683,611원 - 2019년 기부금 지출: 56,919,140,223원
기타	- ARS후원 060-700-0770(1건 3,000원) - 문자후원 #9544(1건 2,000원) #9599(1건 5,000원)

● 한국컴패션

'꿈을 잃은 어린이들에게 그리스도의 사랑을'이라는 슬로건을 가진 한국컴패션은 전 세계의 도움이 필요한 어린이들을 그리스도의 사랑으로 양육하기 위해 활동하고 있는 단체입니다. 예수님을 중심으로(CHRIST-CENTERED) 지역 교회들과 협력하며 어린이들을 자립 가능한 성인이 될 때까지 전인적(지적, 사회·정서적, 신체적, 영적 영역)으로 양육하는 것을 목적으로 설립되었습니다.

한국컴패션 www.compassion.or.kr / 02-740-1000

설립일	1952년 캐나다, 미국, 스위스를 시작으로 설립 한국 컴패션은 2003년 설립
주요 사업	어린이 양육 (연령별 양육 지원) - 태아 때부터 어머니에게 식량, 의료, 육아 교육 등을 제공하기 시작하며 출산 후에는 아동의 연령별로 교육, 의료, 에이즈 예방 및 퇴치 등을 지원합니다. - 또한 긴급한 재난 상황이 발생했을 경우 이를 극복하기 위한 재난 구호 지원, 진로 교육, 정기 건강검진 등과 같이 아동에 대한 맞춤형 지원을 제공합니다.
기부금 내역 ※ 출처: 국세청 공시자료	- 2019년 기부금 수입: 70,106,171,876원 - 2019년 기부금 지출: 69,807,986,847원

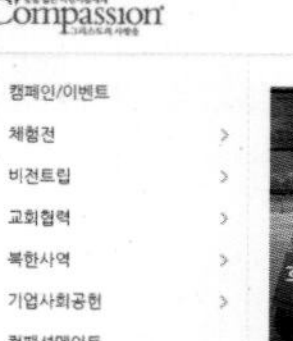

● 승가원

승가원은 부처님의 자비를 실천하기 위해 만들어진 장애인 복지 특화 법인입니다. 불교계 최대 장애인 생활 시설인 자비복지타운과 서울시 최대 규모의 승가원 장애 아동시설 등을 운영하고 있습니다. 대한불교 조계종 중앙승가대학교가 부처님의 자비 사상과 중생 구제의 정신을 사회복지 사업을 통해 이루고자 설립했습니다.

승가원 www.sgwon.or.kr / 1688-0750

장애가족 행복지킴이 승가원

설립일	1996년 2월 6일
주요 사업	**장애복지사업**: 승가원 산하에 있는 삼전 종합사회복지관, 이천시 장애인복지관, 성북 장애인복지관, 승가원 자비복지 타운, 승가원 장애 아동 시설 등과 함께 장애인들이 차별받지 않고 건강한 삶을 살아갈 수 있도록 다양한 사업들을 진행하고 있습니다. **희망행복타운 건립**: 장애 아동들이 보다 편안하고 안전하게 생활할 수 있도록 장애 아동 시설, 장애인복지관, 장애복지연구소, 특수학교, 어린이집 등을 건립하는 사업을 시행 중에 있습니다. **장애 아동 희망 적립**: 장애 가족들이 재능 나눔으로 목공예품을 직접 만들고 필요한 곳에 후원 및 기증하는 프로그램을 진행하고 있습니다.
기부금 내역 ※ 출처: 국세청 공시자료	- 2019년 기부금 수입: 9,683,349,792원 - 2019년 기부금 지출: 13,649,811,404원

● 재단법인 천주교한마음한몸운동본부

고(故) 김수환 추기경이 설립한 천주교한마음한몸운동본부는 고통받고 소외된 지구촌 모든 이들의 인권을 존중하며 빈곤을 없애고 사회 정의와 지속 가능한 발전을 실현하기 위해 전 세계 50여 개국에서 다양한 사업을 진행하고 있습니다.

재단법인 천주교한마음한몸운동본부 obos.or.kr / 02-774-3488

설립일	1987년 한마음한몸운동 발의 1990년 서울대교구 한마음한몸운동본부 발족식 거행
주요 사업	**국제 협력**: 주민들이 자립하여 지속 가능한 발전을 추구할 수 있도록 주민 역량 강화, 인권 증진, 기술 교육 등을 지원합니다. 또한 빈곤 국가의 아동 및 청소년들에게 최소한의 교육 기회를 제공함으로써 삶을 변화시킬 수 있도록 돕고 있습니다. **생명 운동**: 장기 기증운동, 조혈모세포 기증운동, 헌혈운동 등을 통해 많은 생명을 살릴 수 있도록 하고 있습니다. **자살 예방**: 우리 사회에 만연해 있는 자살문제를 해결하고자 하며 상담소를 운영 중입니다. **국내 지원**: 가난하고 소외된 이웃들을 위한 사회복지 영역의 기관들을 지원하여 인재 양성, 다문화 자녀 지원, 문화 프로그램 등을 시행할 수 있도록 돕고 있습니다
기부금 내역 ※ 출처: 국세청 공시자료	- 2019년 기부금 수입: 5,129,121,003원 - 2019년 기부금 지출: 5,129,121,003원

● 지파운데이션

사회복지 기관 실무자로 오랜 기간 일하던 사람들이 모여 소외된 이웃들을 돕기 위해 만든 기관입니다. 짧은 역사를 가지고 있지만 해외 14개국, 700개 이상의 사회복지 기관과 협력하고 있으며 특히 최근 생리대 지원 캠페인은 큰 성과를 거두기도 했습니다. 하나님이 인간을 사랑하신 것처럼 사람을 진실되게 사랑하고, 가장 소외된 이웃들의 아픔을 서로 위로하고 돕기 위해 설립되었습니다.

지파운데이션 www.gfound.org / 02-6335-0100 지파운데이션

설립일	2016년 6월
주요 사업	**국내 사업**: 저소득 가정 아동 지원, 위기 가정 지원, 독거 노인 지원, 다문화 가정 지원, 시설 아동 지원 사업을 펼치고 있으며 교육, 의료, 주거, 긴급 생계비 등 어려운 이웃들에게 필요한 다양한 지원을 제공합니다. **해외 사업**: 경제적 어려움을 겪고 있는 국가의 아동들에게 교육, 급식, 의료 서비스 등을 제공하며 지역 사회 인프라 구축 사업도 시행하고 있습니다. **사회적 경제 사업**: 지역 사회의 지속 가능한 성장을 위해 취약 계층이 경제활동에 참여하는 것이 필요하다는 인식에서 시작된 사업입니다. 공정 여행, 공정 무역을 통해 취약 계층이 자립할 수 있도록 지원하고 있습니다.
기부금 내역 ※ 출처: 홈페이지 공시자료	- 2019년 기부금 수입: 6,839,956,463원 - 2019년 기부금 지출: 6,688,915,611원

경제 분야 기부

우리나라는 급격한 경제 성장을 통해 단기간에 경제성장을 이룬 국가입니다. 하지만 그 과정에서 빈부 격차, 노사 갈등, 정경 유착 등의 부작용을 경험하고 있습니다. 여러 시민단체들이 정책 제안, 시민 운동 및 캠페인 등을 통해 경제 정의를 실현하고 사회적 약자를 보호하기 위해 노력하고 있습니다.

● 경제정의실천시민연합(경실련)

경제 분야에 기부할 수 있는 대표적인 단체입니다. 1988년 서울 올림픽을 개최하게 되면서 화려한 발전상 이면에 감춰진 도시 무주택 서민, 부동산 투기와 같은 문제를 해결하기 위해 발족했습니다. 점차 복잡해지는 경제 문제와 함께 필연적으로 따라오는 사법, 정치, 사회, 국제 문제로까지 활동 폭을 넓혀가고 있습니다. 모든 국민이 빈곤을 탈피하고 인간다운 삶을 영위할 수 있도록 경제적 기회 균등을 보장하고 시장경제의 결함을 시정하는 것을 목적으로 설립되었습니다.

경제정의실천시민연합(경실련) ccej.or.kr / 02-765-9731~2

설립일	1989년
주요 사업	**공청회, 토론회, 월례 정책 세미나 등 운영** - 부동산 투기 근절 - 국가 재정 건전성 확보를 위한 예산 평가 및 대안 제시 - 재벌 및 대기업 경제 집중 분산을 위한 활동 - 정치, 사법제도 개혁 - 언론 감시 - 소비자 권리 보호 **특별기구 운영**: (사)경제정의연구소, (사)경실련통일협회, (사)경실련도시개혁센터, 시민권익센터 **특별위원회 운영**: 소비자정의센터
기부금 내역 ※ 출처: 국세청 공시자료	- 2019년 기부금 수입: 1,762,484,279원 - 2019년 기부금 지출: 1,780,759,709원

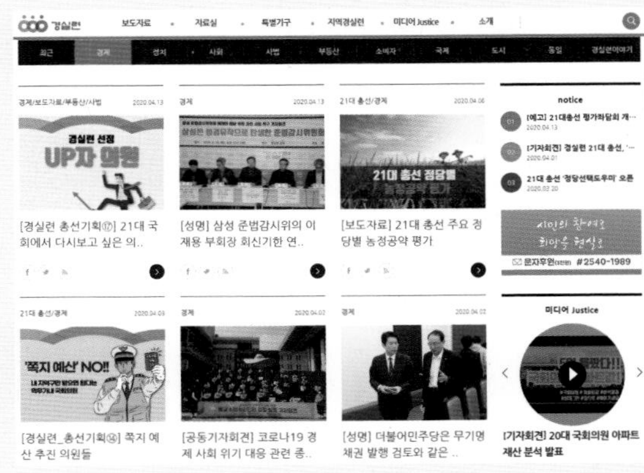

정치 분야 기부

정치(政治)는 사전적 의미로 '나라를 다스리는 일, 국가의 권력을 획득하고 유지하며 행사하는 활동 또는 국민들이 인간다운 삶을 영위하게 하고 상호 간의 이해를 조정하며, 사회 질서를 바로잡는 역할을 한다'고 정의하고 있습니다. 정치 분야에도 기부할 수 있습니다. 기부자가 지지하는 정당에 기부할 수 있고, 정부나 국회 등 핵심 정치 단체들의 활동을 감시하는 비영리기관에도 기부할 수도 있습니다.

● 중앙선거관리위원회 정치후원금센터

정치 분야에서 기부할 수 있는 가장 대표적인 기관이 중앙선거관리위원회입니다. 선관위의 정치후원금센터에서는 기탁금과 후원금을 받습니다. 2008년 6월 5일부터 기탁금기부센터를 후원금 기부 기능까지 포함시켜 정치자금기부센터로 확장했으며 2010년 5월 4일 정치후원금센터로 명칭을 바꿔 현재까지 운영 중입니다. 정치자금 기부를 깨끗한 정치를 위한 후원의 과정으로 이해함으로써 국민들의 정치 후원금에 대한 인식의 폭을 넓히고 소액 다수의 건전한 정치자금 기부문화를 보다 활성화하기 위해 설립되어 운영되고 있습니다.

중앙선거관리위원회 정치후원금센터 www.give.go.kr / 02-503-1114 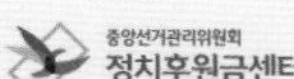

설립일	1963년 1월 21일(창설) 2008년 6월 5일(정치자금기부센터로 확장) 2010년 5월 4일(정치후원금센터로 명칭 변경)
주요 사업	**기탁금 기부[1]**: 기탁금은 정치자금을 정당에 기부하고자 하는 개인이 정치자금법의 규정에 의하여 선거관리위원회에 기탁하는 금전이나 유가증권, 또는 그 밖의 물건을 말합니다. 기탁금으로 기부된 돈은 선거관리위원회를 통해서 정당에 배분됩니다. 기탁 한도액은 1회 1만 원 이상, 연간 1억 원 또는 전년도 소득의 100분의 5 중 다액 이하의 금액입니다. ※ 기탁금제도는 국가기관인 선거관리위원회가 정치자금을 기부하고자 하는 각 개인으로부터 이를 받아 일정한 요건을 갖춘 정당에 지급하는 제도입니다. 이는 정치자금의 기부자와 기부 받는 자 간에 발생할 수 있는 청탁 등의 폐해를 예방함으로써 건전한 민주정치의 발전을 도모하기 위한 것입니다. 기탁금을 기탁하는 대상은 정당에 정치자금을 기부하고자 하는 개인이며, 당원이 될 수 없는 공무원이나 사립학교 교원도 기탁금을 기부할 수 있습니다. **후원금 기부**: 후원금은 특정한 정당·정치인을 후원하고자 하는 개인이 선거관리위원회에 등록된 후원회에 기부하는 금전이나 유가증권, 또는 그 밖의 물건을 말합니다. 기부자(후원자)가 중앙당(창준위)·정치인후원회에 직접 후원을 할 수 있고 후원금 영수증을 발급받을 수 있습니다. 여기서는 정당·정치인에게 직접 경비를 공제 후 지급합니다. 개인이 후원금으로 기부할 수 있는 금액은 연간 2,000만 원을 초과할 수 없습니다. 또한 대통령 선거 후보자 및 예비 후보자/대통령 선거 경선 후보자의 후원회에는 각각 1,000만 원까지 기부할 수 있습니다. 이 외의 후원회에는 각각 500만 원까지 후원이 가능합니다. 후원금에 대한 기부는 기탁금 기부와 동일한 세액 공제가 적용됩니다.[2] **정치후원금과 관련된 자료제공**: 정치후원금센터에서는 정치자금 기부금의 연말 정산 및 세액 공제와 관련된 정보, 관련된 법령 및 제도를 소개하고 있습니다. 또한 본인이 정치자금으로 기탁 또는 후원한 내역을 확인하실 수 있습니다.
기부금 내역 ※ 출처: 중앙선거관리위원회	- 2019년 4/4분기 기탁금 지급금액 : 약 990,000,000원 ※ 연합뉴스 20.1.3일자 보도자료 참고

1) 기탁금을 기탁하는 경우 '조세특례제한법'이 정하는 바에 따라 개인이 기부한 정치자금은 해당 과세연도의 소득금액에서 10만 원까지는 그 기부금액의 110분의 100을, 10만 원을 초과한 금액에 대해서는 해당 금액의 100분의 15(해당 금액이 3,000만 원을 초과하는 경우 그 초과분에 대해서는 100분의 25)에 해당하는 금액을 종합소득산출세액에서 공제하고, 「지방세특례제한법」에 따라 그 공제금액의 100분의 10에 해당하는 금액을 해당 과세연도의 개인지방소득세 산출세액에서 추가로 공제합니다. 즉 10만 원 이하는 전액 세액 공제되며 10만 원을 초과하는 금액은 일부 세액 공제됩니다. 세액 공제와 관련된 부분은 뒤에서 자세히 다룹니다.

2) 외국인 및 국내외 법인 또는 단체, 당원이 될 수 없는 공무원은 후원금을 기부할 수 없습니다.

● 정당

정당은 사전적 의미로는 '정치적인 주의나 주장이 같은 사람들이 정권을 잡고 정치적 이상을 실현하기 위해 조직한 단체'로 정의됩니다. 중앙선거관리위원회의 정치후원금센터를 통해서 정당에 기부할 수 있습니다. 자신이 지지하는 정당에 당원으로 가입해 당비를 납부해도 정치자금 기부로 인정됩니다. 당원으로 가입하고 당비를 납부하면 권리당원으로서 다양한 권리를 행사할 수 있습니다. 당비는 중앙선거관리위원회 정치후

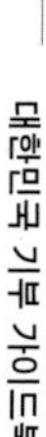

원금센터에 기부한 기탁금 및 후원금과 합산하여, 세액 공제로 연간 10만 원까지 전액 연말정산에서 돌려받을 수 있습니다.

소선거구 제도를 채택하고 있는 우리나라는 양당제의 정치 구조를 띠고 있습니다. 거대 양당 이외에도 추구하는 가치와 노선이 다른 다양한 정당들이 활동하고 있습니다. 정치에 관심이 있는 분이라면 정당에 기부하는 것도 좋은 방법입니다.

● **참여연대**

정치 활동을 지지하고 응원하는 의미의 기부 외에도 정치 활동을 감시하는 역할을 하는 단체에 기부할 수 있습니다. 대표적으로 참여연대가 정치 분야에서 활동 중인 시민단체입니다. 흔히 정부로부터 독립된 기관을 의미하는 NGO(non-governmental organization)라고 부릅니다. 참여연대는 NGO로서 정부나 국회의 활동을 감시하는 기능을 가지고 있습니다. 시민들의 자발적인 참여로 권력을 감시하고, 사회 개혁을 위한 구체적인 정책과 대안을 제시하며, 편견과 이기심을 넘어 사회적 약자들과의 연대를 통해 민주주의와 인권이 바르게 실현되는 사회를 만들고자 창립하였습니다.

참여연대 www.peoplepower21.org /02-723-5300

설립일	1994년 9월 10일(참여연대 창립) 2016년 12월 30일(기부금단체 지정일)
주요 사업	**의정 감시 활동**: 국민이 뽑은 국회의원을 국민이 감시하기 위해서 의정 감시 센터를 운영하고 있습니다. 의정 감시 센터 내에는 열려라 국회와 선거법 피해 신고센터를 운영하고 있습니다. **공익 제보 지원 센터 운영**: 불의에 저항하는 공익 제보자를 지원하고자 운영하고 있습니다. 이와 관련하여 2010년부터 의인상을 수여하고 양심의 호루라기를 부는 사람들 캠페인을 운영하고 있습니다. 이 외에도 사법 감시 센터, 행정 감시 센터 등 정치와 관련된 다양한 영역에서 활동하고 있습니다.
기부금 내역 ※ 출처: 국세청 공시자료 2019	- 2019년 기부금 수입: 2,464,899,894원 - 2019년 기부금 지출: 2,526,309,211원
기타	- ARS 060-7001-060(한 통화 5,000원)

문화예술 분야 기부

기부 문화가 활성화돼 있는 선진국에서는 문화예술 분야에 대한 기부 문화도 상당히 잘 발달돼 있습니다. 아직까지 한국에서는 문화예술 활성화 또는 예술활동 지원에 대한 기부가 사회복지 분야만큼 활발히 이루어지지 않고 있는 것이 현실입니다.

● **한국문화예술위원회(ARKO)**

한국문화예술위원회는 문화예술진흥법에 명시된 법정 단체입니다. 문화예술진흥기금을 관리하고 문화예술 진흥을 위한 사업과 활동을 지원하기 위해 설립돼 운영되고 있습니다. 기금관리형 준공공기관이지만 일반 시민들 및 기업들도 기부할 수 있습니다. 한국문화예술위원회는 훌륭한 예술이 우리 모두의 삶을 변화시키는 힘을 가지고 있다는 믿음으로 문화예술 진흥을 위한 사업과 활동을 지원함으로써 모든 이가 창조의 기쁨을 공유하고 가치 있는 삶을 누리게 하는 것을 목적으로 설립되었습니다.

한국문화예술위원회(ARKO) www.arko.or.kr / 061-900-2100

한국문화예술위원회 Arts Council Korea

설립일	2005년 8월 26일(한국문화예술위원회 출범식)
주요 사업	**창작 지원 사업**: 문학, 시각예술, 공연예술, 전통예술, 다원예술 등 인프라를 구축하는 일에 역점을 두는 ARKO 지원 사업과 우리 문학의 침체와 위기를 몰고 온 원인의 하나로 지목된 인터넷을 문학 창작과 향수의 기회로 활용한다는 취지로 조성된 국내 최대의 인터넷 문학사이트인 사이버문학광장 사업으로 구분되고 있습니다.

문화 복지 사업: 대한민국 국민의 문화예술 향유권을 신장시키고 문화예술 발전의 밑거름인 지역 문화예술 성장을 도모하는 신나는 예술여행 사업, 사회적·경제적·지리적 소외 계층의 문화예술 향유권을 신장시키는 복권 기금 문화 나눔 사업, 소외 계층에게 삶의 질 향상 및 문화 격차 해소를 위한 통합 문화이용권 사업, 저소득층 문화 향유 기회 제공을 위한 나눔 티켓 사업, 근로자가 일과 여가 생활을 조화롭게 병행할 수 있도록 하는 여가 친화 기업 선정·지원 사업, 사회 전반의 문화 다양성 공감대 형성을 위한 문화 다양성 보호 및 증진 사업으로 구분되어 운영되고 있습니다.

교육 사업: 향후 우리 예술을 이끌어갈 만 35세 차세대 예술가를 육성하기 위한 한국예술창작아카데미 사업, 문화예술분야 직무능력표준(NCS)에 기초를 둔 현장 재직자 재교육 과정인 아르코챔프아카데미 사업, 현장 실무자들을 위한 전문교육 과정인 무대예술 현장 전문가 연수 사업, 인문 멘토링 사업인 인생 나눔 교실 사업 등을 진행하고 있습니다.

이 외에도 시설 운영, 문학 나눔 도서 보급 등 문화예술진흥기금과 민간 기부금을 바탕으로 다양한 사업을 펼치고 있습니다.

기부금 내역

※ 출처: 국세청 공시자료 2018

- 2019년 기부금 수입: 30,663,388,405원
- 2019년 기부금 지출: 27,687,197,667원

기타

예술나무 후원하기라는 이름으로 정기 및 일시 기부자의 참여를 독려하고 있습니다. 기부자는 5,000원 / 1만 원 / 3만 원 등의 금액을 정기 및 일시로 후원할 수 있습니다.

● 국외소재문화재재단

국외소재문화재재단은 불법이나 부당한 방법으로 반출된 우리 문화재를 다시 국내로 환수하고, 적법하게 반출된 문화재를 현지에서 잘 활용할 수 있도록 지원하는 재단입니다. 국외 문화재에 대한 조사·연구·환수·활용 등의 사업을 다각적으로 추진하기 위해 설립되었습니다.

국외소재문화재재단 www.overseaschf.or.kr / 02-6902-0756 국외소재문화재재단 Overseas Korean Cultural Heritage Foundation

설립일	2016년
주요 사업	**조사**: 국외에 퍼져 있는 우리 문화재의 정확한 소재를 파악하기 위해 현지에 전문가 파견, 국내외 조사 연구 지원, 자료 수집 등을 수행하고 있습니다. **반환**: 불법으로 유출된 우리 문화재를 국내 유관기관과의 협조를 통해 반환 또는 매입을 추진하고 있습니다. **보존 및 활용 지원**: 적법한 방식으로 반출된 문화재는 현지에서 잘 활용될 수 있도록 보존, 복원 및 연계 활용 사업을 지원합니다. **교류 및 지원**: 국내외 유관기관과의 교류 및 협력을 강화하고 전문가 교류를 지원하고 있습니다.
기부금 내역 ※ 출처: 국세청 공시자료	- 2019년 기부금 수입: 0원 - 2019년 기부금 지출: 203,670,400원

국립고궁박물관의 덕온공주 인장(국립고궁박물관이 제공한 본 저작물은 "공공누리" 제1유형: 출처 표시 조건에 따라 이용할 수 있습니다)

● **한국문화재재단**

우리나라의 전통문화가 꾸준히 전승될 수 있도록 국가무형문화재 공연 및 전시 사업, 교육 및 출판 사업 등을 진행하는 문화재청 산하 공공기관입니다. 한국의 문화재를 보존·보급·활용하고 전통 생활문화를 개발함으로써 문화유산의 미래 가치를 창조하고 전승될 수 있도록 하는 것을 목적으로 합니다.

한국문화재재단 www.chf.or.kr / 02-566-6300

한국문화재재단 Korea Cultural Heritage Foundation

설립일	1980년 4월
주요 사업	**전통 예술 공연**: 풍류 한마당, 수요 상설 공원, 한국 문화의 집 특별 기획 공연 등과 같은 다양한 전통 예술 공연을 진행합니다. **전통 행사**: 경복궁, 창덕궁, 덕수궁, 종묘에서 전통 의례를 재현하거나 인천공항에서 전통 혼례를 재현하는 등 아름다운 전통 문화를 알리는 데 기여하고 있습니다. 경복궁 수문장 교대의식이 유명합니다. **전통 문화 체험**: 한국 문화의 집, 한국의 집, 인천국제공항 한국 전통 문화센터 등에서 다양한 체험 프로그램을 개설하고 있습니다. **기타**: 전통 음식·전통 혼례 보급, 문화유산 교육, 문화재 조사 연구 등의 다양한 사업을 진행 중에 있습니다.
기부금 내역 ※ 출처: 국세청 공시자료	- 2019년 기부금 수입: 227,715,641원 - 2019년 기부금 지출: 192,304,177원

● 문화유산국민신탁

국민·기업·단체·국가 및 지방자치단체로부터 기부·증여받거나 위탁받은 재산과 회비 등을 활용해 보전 가치가 있는 문화유산을 취득하고 보존·관리하는 기관입니다. 보전 가치가 있는 문화유산을 취득, 보전, 관리, 활용함으로써 '삶의 질'을 향상시키고, 문화유산에 대한 민간의 자발적인 참여를 촉진하는 것이 설립 목적입니다.

문화유산국민신탁 nationaltrustkorea.org / 02-732-7524 문화유산국민신탁

설립일	2007년 3월
주요 사업	- 문화유산의 취득 및 보존 관리 활용에 관한 계획 수립과 집행 - 보존 가치가 있는 문화유산 조사 및 공고 - 문화유산 소유자 등과 보전 협약을 체결하고 보존·관리 지원에 관한 사업 수행 - 보전 재산을 이용한 수익 사업과 문화재청장의 승인을 얻은 각종 수익 사업 - 문화유산 매입과 보존·관리를 위한 모금 사업 - 문화유산 국민신탁의 확산과 발전을 위한 연구·교육·홍보 사업 - 국민신탁 운동과 관련한 국제 협력과 교류 - 문화유산 보존 활동을 수행하는 민간 단체, 관련 기관 등과 협력 및 지원 - 그 밖에 국민신탁법의 정신에 부합하는 문화유산 보존·관리, 활용에 관한 사업 ※ 문화유산국민신탁이 매입, 위탁하여 보전하고 있는 문화유산 **- 매입·증여 문화유산 관리**: 이상 옛집, 경주 윤경렬 옛집, 군포 동래정씨 동래군파 종택 **- 국가 소유 문화유산 위탁관리**: 보성여관, 울릉 역사문화체험센터, 부산 문화 공감 수정, 대전 소대헌, 호연재 고택, 중명전
기부금 내역 ※ 출처: 국세청 공시자료	- 2019년 기부금 수입: 2,530,686,289원 - 2019년 기부금 지출: 2,537,949,750원

문화유산국민신탁 이상의 집

보성 여관(문화재청이 제공한 본 저작물은 "공공누리" 제1유형: 출처 표시 조건에 따라 이용할 수 있습니다)

● 박물관, 미술관 기부

해외에서는 문화예술 분야에 기부하는 형태 중 박물관에 기증하는 방식이 가장 활성화돼 있습니다. 예를 들어 뉴욕 메트로폴리탄 박물관 홈페이지를 보면 후원 코너를 금방 찾을 수 있습니다. 신용카드로 기부할 수 있는 시스템까지 만날 수 있습니다.

문조비 신정왕후 왕세자빈 책봉 죽책
(출처: 국립고궁박물관)

물론 우리나라에서도 전국 국공립·사립 박물관과 미술관에 직접 기부할 수 있습니다. 그중 국립중앙박물관회라는 단체가 있습니다. 국립중앙박물관과 관련된 유물 구입 기증, 학술 연구 지원, 교육 사업 지원을 담당하고 있습니다.

국립중앙박물관회	뉴욕 메트로폴리탄 박물관
www.fnmk.org/	www.metmuseum.org/
기부금은 유물 구입 기증, 학술 연구, 교육 사업에 사용	전시 및 소장품 정보뿐 아니라 홈페이지를 통해 기부에 적극적으로 참여할 수 있도록 유도
	 Ways to Give  

충분한 예산이 마련됐을 때 박물관이나 미술관의 특정 프로그램을 후원할 수도 있고, 필요한 사업을 지원할 수도 있습니다. 대표적으로 성신여대 서경덕 교수와 배우 송혜교 씨가 해외 유명 박물관 및 미술관에 한국어 안내서를 제공하는 사업에 기부하고 있습니다. 특히 뉴욕 현대미술관(MoMA), 보스턴 미술관, 캐나다 온타리오 뮤지엄(ROM), 중국 상하이 및 중칭 임시정부 청사, 네덜란드 이준 열사 기념관, 미국 안창호 기념관 등에 한국어 안내책자 및 한국어 안내 서비스 제공을 위한 기부를 진행했습니다.

만약 혼자서 기부하기 어렵다고 생각된다면 문화예술 분야에서 활발히 일어나고 있는 크라우드 펀딩(crowdfunding)을 통해 함께 기부에 동참하는 것도 좋은 방법입니다. 크라우드 펀딩은 소셜 네트워크 서비스를 이용해 소규모 후원을 받거나 투자 등의 목적으로 인터넷과 같은 플랫폼을 통해 다수의 개인들로부터 자금을 모으는 행위를 뜻합니다. 기부 영역에서는 네이버의 해피빈, 카카오의 같이가치를 통해서도 크라우드 펀딩이 이루어지고 있습니다.

기부 상식

문화예술품 기증과 기부금 영수증

문화예술 분야에서는 기금의 기부 외에도 자신이 소장하고 있는 문화재나 미술품을 기증함으로써 기여할 수 있습니다. 다양한 사람들의 기부를 기반으로 박물관과 미술관이 운영되고, 기증을 통해 훌륭한 유물과 작품으로 채워져나가는 것처럼 바람직한 일은 없습니다. 우리나라 문화예술계에서도 이러한 기부 문화가 활성화되기를 바라지만 해외에 비해 여전히 부족한 것이 사실입니다. 만약 유물 기부를 고려하고 있다면 사전에 주의 깊게 살펴볼 것들이 있습니다.

첫째, 기부 가능 여부입니다. 기부하고자 하는 기관에서 기부 수용 의사가 있는지 확인해야 합니다. 기부는 주는 쪽뿐만 아니라 받는 쪽도 동의를 해야 이루어집니다. 기부자 입장에서는 의미 있고 중요한 물품을 무상으로 기증하는 것이지만, 이를 기증받는 기관에서는 유물의 활용성, 보관 비용, 기증자의 적법한 소유권에 대한 검증 등 여러 가지 사항을 종합적으로 검토해야 합니다.

둘째, 기증하려는 유물의 객관적 가치 평가입니다. 기증과 수용 의사가 서로 확인됐다 하더라도, 기증품에 대한 금전적 가치는 또 다른 차원입니다. 특히 경매나 공식적인 절차 없이 오래전부터 소유하고 있었거나 너무 오래전에 구매해서 현재 가치와 차이가 있다면 감정 평가 등을 거쳐 금전적 가치를 명확하게 판단해야 합니다. 해당 감정 평가를 인정받을 수 있는지에 대해 기증하고자 하는 기관에 사전에 확인을 해야 합니다.

마지막으로 기부금 영수증 발급 가능 여부입니다. 아직까지 예술품 기부가 생소하고 활성화돼 있지 않기 때문에 기증을 받는 기관 중에서도 유물 기증에 따른 기부금 영수증 발급 처리 경험이 부족한 기관들이 있습니다. 특히 상속세 및 증여세법 시행령 제12조에 해당하는 공익 법인만 기부금 영수증 발행이 가능합니다.

박물관이나 미술관에 기증하고서 기부금 영수증 발행이 필요하다면 기증하기 전에 내부 절차와 시스템이 갖춰져 있는지 문의하는 것이 좋습니다. 또 기부금 영수증 발급이 가능하더라도 가치 평가에 대해서는 기증자와 기증받는 기관 사이에 이견이 있을 수 있으므로 꼭 기관과 함께 기증품의 가치를 평가하는 과정을 거쳐야 합니다.

학술 및 교육 분야 기부

교육은 백년지대계(百年之大計)라고 합니다. 중국 전국 시대의 『관자(管子)』에서 등장하는 "1년에 대한 계획으로는 곡식을 심는 일만 한 것이 없고, 10년에 대한 계획으로는 나무를 심는 일만 한 것이 없으며, 평생에 대한 계획으로는 사람을 심는 일만 한 것이 없다. 한 번 심어 한 번 거두는 것이 곡식이고, 한 번 심어 열 번 거두는 것이 나무이며, 한 번 심어 백 번 거둘 수 있는 것이 사람이다."라는 말에서 유래한 것입니다. 오래전부터 사람을 키우는 일, 즉 교육이 강조돼왔습니다. 학술 및 교육 분야는 이를 중요하게 여기는 기부자에게 딱 맞는 기부 분야입니다. 학술 및 교육 분야에 기부할 수 있는 기관들을 알아보도록 하겠습니다.

● 한국장학재단

대학생이나 대학원생들에게는 유명한 기관입니다. 아마도 대학생이나 대학원생 자녀를 둔 부모라면 한 번쯤 들어봤을 겁니다. 한국장학재단에 기부하면 어려운 환경에서 공부하는 학생들의 장학금으로 활용됩니다. 공부하는 학생의 어려움을 돕고 싶은 사람들에게 의미 있는 기부 기관입니다. 학자금 대출 및 장학 사업 등을 효율적으로 운영함으로써 경제적 여건과 관계없이 의지와 능력만 있으면 누구나 공부할 수 있는 여건을 마련하고 국가에서 필요로 하는 인재 육성에 기여하기 위해 설립되었습니다.

한국장학재단 www.kosaf.go.kr / 1599-2000

푸른등대 한국장학재단

설립일	2009년 5월 7일(설립일) 2011년 7월 1일(기부금단체 지정일)
주요 사업	**국가지원 장학사업**: 국민과 학생이 부담할 수 있는 등록금 경감효과 제고를 목표로, 다양한 유형의 장학·국가교육근로·우수장학 등을 운영하고 있습니다.

주요 사업	**학자금 대출사업**: 대학(원) 신입생 및 재학생의 학비 부담을 줄여 학업에 전념하도록 하기 위해 저리로 학자금을 대출해주는 제도를 운영하고 있습니다. 등록금(입학금, 수업료 등)과 생활비(숙식비, 교재 구입비, 교통비 등)를 대출해주고 있습니다. **연합기숙사 운영사업**: 대학(원)생을 위한 거주 공간과 멘토링, 문화, 교육 등을 위한 강의 공간을 운영하고 있습니다. 이와 더불어 지역 주민을 위한 어린이도서관을 운영합니다. 협력과 상생을 통해 올바른 사회의 구성원을 육성하는 것을 목적으로 하고 있습니다.
기부금 내역 ※ 출처: 국세청 공시자료	- 2019년 기부금 수입: 6,312,253,794원 - 2019년 기부금 지출: 3,541,704,725원
기타	ARS 060-700-1003 (한 통화 2,000원)

● 학교

학교는 학술 및 교육 분야에서 가장 대표적인 기부처, 기부 기관입니다. 특히 자신이 졸업한 모교에 기부하는 것은 상당히 보편화돼 있습니다. 해외나 국내에서 학교에 기부하는 것은 상당히 일반적인 기부 활동 중 하나입니다. 기부금은 해당 학교 학생들을 위한 장학금으로 사용되거나 학교의 교육 및 연구와 관련된 비용으로 사용되기도 합니다. 학교 본연의 목적과 관련된 비용으로 기부하는 경우에는 법정 기부금으로 인정돼 세액공제 혜택을 받을 수 있습니다.

가장 기부하기 편리한 곳이 대학교입니다. 특히 사립대에서 기부는 상당히 중요한 자원입니다. 대부분의 사립대는 발전 기금을 모금하는 재단을 별도로 운영하고 있습니다. 만약 대학교에 기부하는 것에 관심이 있다면 각 대학교에서 운영하는 발전기금 재단에 기부할 수 있습니다.

학교명	기부 관련 홈페이지	2018 모금액 (단위: 천 원)
건국대학교	http://www.konkuk.ac.kr/Administration/Give/	6,691,126
경희대학교	http://give.khu.ac.kr/	17,752,397
고려대학교	http://give.korea.ac.kr/	42,258,115
동국대학교	https://ilove.dongguk.edu/	13,581,641
서강대학교	https://give.sogang.ac.kr/give/	5,663,562
서울대학교	http://www.snu.or.kr/new/	78,991,656
성균관대학교	https://fund.skku.edu/fund/	43,060,261
연세대학교	https://fund.yonsei.ac.kr/	41,380,409
이화여자대학교	http://giving.ewha.ac.kr/giving/index.do	11,593,414

인하대학교	https://fund.inha.ac.kr/mbshome/mbs/fund/index.do	18,316,560
한양대학교	http://www.hanyang.ac.kr/web/www/development-funds	17,106,841

※ 학교 목록은 가나다 순 출처 : 대학알리미(www.academyinfo.go.kr/)

초·중·고등학교에도 기부할 수 있습니다. 동창회에도 기부할 수 있습니다. 단, 동창회는 대학교의 발전 기금 재단과 달리 명확한 체계를 갖추지 못한 곳들도 있으니 사전에 확인해야 합니다. 제가 개인적으로 경험한 사례를 들려드리죠. 어느 날 제 친지 중 한 사람이 자신의 고교 동창회에 발전 기금을 기부하겠다고 했습니다. 저는 동창회 관계자에게 연락해 기부와 관련된 문의를 했습니다. 그런데 기부금은 낼 수 있지만, 기부금 영수증을 받을 수 없다는 답변을 들었습니다. 대신 기부금 전액을 해당 고등학교에서 특정한 사업에 쓰도록 전달하니, 학교에서 기부금 영수증을 발급받을 수 있도록 연결해주는 것으로 마무리가 됐습니다. 이처럼 기부를 하기 전에 대상 기관이 기부금 영수증을 발급할 수 있는 단체인지 확인해야 합니다. 물론 기부금 영수증을 받는 것이 기부를 하는 의미보다 중요하지는 않지만 행정적인 요건을 잘 갖춘 곳에서 기부금 관리를 더 잘하고 있을 확률이 높습니다.

● 느티나무도서관재단

한국장학재단이나 학교 이외에도 학술 및 교육 분야의 다양한 활동에 기부할 수 있습니다. 특별한 연구를 하는 연구소에 기부할 수 있고, 도서관이 없는 지역에 도서관을 만드는 일에 기부할 수도 있습니다. 느티나무

도서관재단도 지역 사회에 도서관 문화를 정착시키기 위해 활동하는 단체입니다. 마을마다 도서관이 만들어지도록, 모든 도서관이 삶터 속으로 가까워지도록, 도서관 문화로 일상의 삶이 달라지도록 살아 숨 쉬는 도서관의 모델을 만들고, 도서관인들이 연구 교류하는 장을 열어가며, 도서관 문화가 삶 속에 뿌리내리도록 사회적 접점을 넓혀가는 것을 목적으로 설립되어 운영되고 있습니다.

느티나무도서관재단 neutinamu.org/gnuboard4 / 031-262-9124

느티나무도서관

설립일	2000년 2월 19일(사립문고 '느티나무어린이도서관' 개관) 2000년 6월 27일(기부금단체 지정일)
주요 사업	**느티나무도서관 운영**: 2000년 경기도 용인에서 사립문고 느티나무어린이도서관을 열고 2007년 건물을 지어 이사한 후 사립 공공도서관 느티나무도서관으로 재개관했습니다. 숨죽이고 공부하는 독서실이 아니라 온 세상을 담은 책에 둘러싸여 책 읽는 즐거움을 누리는 도서관, 책이나 도서관과는 상관없다고 여기는 잠재 이용자들을 가장 우선적인 이용 대상으로 삼고 열심히 말을 거는 도서관, 늘 찾아오고 싶고 머물고 싶은, 자꾸 하고 싶은 게 많아지는 도서관입니다. **도서관 위탁 운영**: 2011년 5월 성북구청과 도서관 정책 및 사업 협력을 위한 협약을 체결한 후 성북구립도서관 3개관을 개관하여 2013년까지 운영하였습니다. 2013년 12월에는 파주시와 위탁 협약을 맺고, 가람도서관의 개관 및 운영과 솔빛도서관, 물푸레도서관, 조리도서관의 운영 및 관리를 2016년까지 맡아 운영하고 있습니다. **도서관 학교 운영**: 도서관의 역사와 사회적 역할, 도서관 책꽂이 어떻게 채울까 등과 같이 도서관의 철학부터 실무까지, 해마다 10~12개의 강좌를 열고 있습니다. 또한 예비사서학교 등을 통해 미래의 도서관인들과 만나고 있으며, 그들을 위한 인턴십, 실습과정 등의 기회를 열어두고 있습니다.
기부금 내역 ※ 출처: 국세청 공시자료 2019	- 2019년 기부금 수입: 461,440,102원 - 2019년 기부금 지출: 461,440,102원

안전 분야 기부

다양한 재난 및 재해에 대비하거나 재난 및 재해가 닥친 상황을 극복할 수 있는 활동을 돕는 데에도 기부금이 쓰입니다. 안전한 사회를 꿈꾸는 기부자라면 안전 분야에 활동하는 자선 기관에 기부하는 것도 의미 있는 일이 될 것입니다.

● 대한적십자사

국내 안전 분야에서 활동하는 가장 대표적인 단체로 대한적십자사가 있습니다. 적십자 운동 정신인 7대 원칙(인도, 공평, 중립, 독립, 자발적 봉사, 단일, 보편의 원칙)을 토대로 설립돼 운영되고 있는 단체입니다. 국제법(제네바협약)과 국내법(대한적십자사 조직법)에 의해 설립된 비영리 특수법인으로, 전시에는 전쟁 포로 및 전상자 구호, 평시에는 재난구호, 사회봉사, 공공의료, 혈액 수급 등의 공익사업을 수행하고 있습니다.

대한적십자사 www.redcross.or.kr / 02-3705-3705

설립일	1905년 10월 27일
주요 사업	**재난 구호 사업**: 법정 재난관리 책임기관 및 구호 지원 기관으로서 재난이 발생하면 가장 먼저 달려가 신속하고 효과적으로 이재민 긴급구호에 주력하고 재난안전교육 확대를 통해 안전한 사회 구축을 위한 사업을 수행합니다. **복지 사업**: 우리 사회의 소외된 이웃이 있는 곳곳으로 찾아가 희망을 전하고 생활 안정을 돕기 위한 긴급 지원, 적십자 봉사원과 함께하는 결연 지원, 후원 기업과 연계한 맞춤 지원 등의 사업을 수행합니다. **국제·남북 교류 사업**: 대규모 재난 발생 시 현금 및 현물, 의료진 파견 등 해외 구호 활동을 전개하고 이산가족과 북한이탈주민 지원을 통해 남북 관계 개선을 위한 사업을 수행합니다. **교육·연구 사업**: 국민의 안전 의식을 높이고, 적십자의 인도주의 이념을 보급하여 인간의 생명과 존엄성을 지켜내는 사업을 수행합니다. **인도주의 활동가 양성**: 봉사와 나눔에 앞장서는 12만 봉사원과 인도주의 가치를 배우며 그 길을 뒤따르는 청소년적십자(RCY)를 통해 나눔문화 확산을 위한 사업을 수행합니다. **의료· 혈액 사업**: 의료취약계층이 건강한 삶을 살아갈 수 있도록 공공의료 사업을 수행하고 긍정적인 헌혈문화를 확산하여 안정적인 혈액 공급을 위한 사업을 수행합니다.
기부금 내역 ※ 출처: 국세청 공시자료 2019	- 2019년 기부금 수입: 36,688,128,462원 - 2019년 기부금 지출: 38,445,643,021원
기타	- ARS후원 060-700-8179(1건 2,000원) - 문자후원 #8179(1건 2,000원)

기부상식

적십자 회비

대한적십자사 조직법 제8조에는 국가와 지방자치단체가 적십자사의 회원 모집 및 회비 모금, 이에 따른 기부금 영수증 발급을 위해 필요한 자료를 요청할 수 있도록 규정하고 있습니다. 세대주와 사업체의 주소 정보를 공유받아 적십자 회비 납부 고지서를 발송합니다. 대부분 가정 내에서 적십자 회비 고지서를 받아본 기억이 있을 겁니다. 개인사업자 및 법인 같은 기업에는 규모에 따라 차등을 둔 기부금을 요청합니다. 적십자 회비는 세금처럼 강제성을 가지고 있는 의무 납부 사항이 아닙니다. 하지만 "적십자는 생명입니다!"라는 적십자사의 슬로건을 생각하며 어려운 이웃, 긴급한 도움이 필요한 이웃을 돕는 마음으로 적십자 회비를 내면서 기부를 실천해보는 것도 좋은 방법입니다.

환경 및 동물 분야 기부

오늘날 환경을 보호하고 동물을 보호하는 것은 상당히 중요한 이슈로 주목받고 있습니다. 우리 주변에서도 다양한 기관들이 환경 보호 및 동물 보호를 위해 활동하고 있습니다. 해당 기관에 기부함으로써 기부자는 환경 보호와 동물 보호 등을 위한 자신의 사회적 목적을 성취해나갈 수 있습니다.

● 환경재단

2002년에 설립된 재단법인 환경재단은 우리나라 최초의 환경 전문 공익 재단입니다. 국내 및 아시아의 환경운동가와 환경운동 단체들을 도와왔으며, 전문성을 바탕으로 누구나 일상 속에서 환경 문제를 가까이 생각하고 변화할 수 있도록 다양한 활동을 진행하고 있습니다. 아시아의 환경을 지키기 위해 기후, 환경 문제 해결을 주도하는 아시아의 그린 허브입니다.

환경재단 www.greenfund.org / 02-2011-4300

환 경 재 단

설립일	2002년 11월
주요 사업	**시민단체 지원**: 2004년부터 이어져온 시민단체 장학사업은 상근자들의 대학원 석·박사 통합 과정의 수업료를 지원합니다. **그린 아시아** 에코빌리지: 환경재단은 2012년부터 방글라데시, 미얀마의 현지 NGO, 지자체, 연구기관 등과 협력하여 지속 가능한 마을 모델을 만들어가고 있습니다. **그린 컬처** 서울환경영화제: 2004년 서울환경영화제를 시작으로 영화라는 콘텐츠를 통해 환경과 인간의 공존을 모색하고 미래를 위한 대안과 실천을 보여주고자 노력하고 있습니다. **어린이환경센터**: 어린이들이 환경의 소중함과 환경적 지식을 체득하고 느낄 수 있도록 다양한 환경교육을 진행하고 있습니다. **미세먼지센터**: 미세먼지 관련 정책 토론회를 개최하여 미세먼지 특별법 제정을 견인하였고 환경부, 서울시, 경기도 등과 긴밀히 협력하며 정책 개선에 앞장섰습니다.
기부금 내역 ※ 출처: 환경재단 홈페이지	- 2019년 기부금 수입: 6,380,921,108원 - 2019년 기부금 지출: 13,533,424,953원

환경재단의 캐릭터 뿌까

● 녹색연합

한반도의 생태축인 백두대간, 연안 해양, DMZ를 무분별한 개발로부터 지키고 그곳에서 살고 있는 야생 동식물을 보호하기 위해 설립돼 운영되고 있는 단체입니다. 녹색연합이 폭로한 '한강 독극물(포름알데히드) 방류 사건'은 영화 〈괴물〉의 배경이 되기도 했습니다.

녹색연합 www.greenkorea.org / 02-747-8500

설립일	1991년 6월 6일(설립일) 2016년 12월 30일(기부금단체 지정일)
주요 사업	**백두대간 복원**: 1996년 백두대간 환경 대탐사를 시작으로 그동안 잊혀졌던 백두대간의 개념을 복원하고, 백두대간의 보전을 위한 제도 개선 활동을 꾸준히 진행하고 있습니다. **자연생태계 지키기**: 백두대간, 비무장지대, 연안 해양의 3대 생태축에 서식하는 야생 동물과 그 서식지를 위협 요소로부터 보호하고, 야생 동물의 상업적 이용에 비판적인 정책 대응 활동을 펼치고 있습니다. **녹색교육**: 자연에 대한 경외감과 책임감을 배우는 생태교육, 녹색 시민으로 살아가기 위한 인문 생태적 가치를 배우고 이야기하는 녹색인문학 강좌 등을 진행하고 있습니다.
기부금 내역 ※ 출처: 국세청 공시자료	- 2019년 기부금 수입: 2,271,374,213원 - 2019년 기부금 지출: 2,271,374,213원

● 그린피스

그린피스는 1970년에 결성된 반핵 단체를 모태로 1971년 캐나다 밴쿠버 항구에서 캐나다와 미국의 반전운동가, 사회사업가, 대학생, 언론인 등 12명의 환경 보호 운동가들이 모여 결성한 국제적인 환경 보호 단체입니다. 한국에도 사무소가 설치돼 운영 중에 있습니다. 전 지구적 환경 문제를 폭로하고, 평화롭고 푸르른 미래에 기여할 해결책을 도입 하는 것을 목적으로 설립, 운영되고 있습니다.

그린피스 www.greenpeace.org/korea / 02-3144-1994 GREENPEACE

설립일	1994년 10월 12일(한국그린피스 설립일) 2013년 11월 19일(기부금단체 지정일)
주요 사업	**기후 에너지 분야**: 친환경적이고 안전한 재생 가능 에너지의 확대를 통해 기후 변화 문제에 대한 해결책을 제시하고 있습니다. 이를 위한 구체적인 활동으로는 북극 보호, 탈핵, IT와 재생 가능 에너지, 석탄 사용 줄이기 등을 위한 캠페인을 진행하고 있습니다. **해양 보호 분야**: 남획과 혼획을 막기 위한 최선의 방법으로 전 세계 바다의 40%를 해양보존구역(marine reserves)으로 지정하고자 하며, 이를 위해 고래 보호, 플라스틱 사용 줄이기, 남극해 보존, 불법 어업 근절 등을 위한 캠페인을 진행하고 있습니다. **산림 보호 분야**: 종의 다양성을 보전하고, 산림 지대 지역 사회의 권리를 보호하며, 기후 변화를 막기 위해 산림 보호를 위한 캠페인을 진행하고 있습니다.
기부금 내역 ※ 출처: 국세청 공시자료	- 2019년 기부금 수입: 10,461,130,547원 - 2019년 기부금 지출: 11,303,342,048원

● 동물권행동 카라

혹시 동물권이라고 들어보셨나요? 동물권행동 카라는 동물권을 주장하는 단체입니다. 이들은 말 못 하는 동물을 보호하고 동물을 대변하기 위해서 활동하고 있습니다. 동물에 대한 이해와 공감, 참여를 확대하며 폭넓은 연구와 다양한 실천을 통해 문화와 인식의 긍정적 변화를 이끌고, 법과 제도의 개선으로 동물 복지를 증진해나가는 것을 목적으로 설립, 운영되고 있습니다.

동물권행동 카라 www.ekara.org / 02-3482-0999　　동물권행동 카라

설립일	2002년 4월 15일(설립일, 아름품) 2006년 6월(명칭 변경, Korea Animal Rights Advocates; KARA) 2010년 3월(농림부 사단법인 등록)
주요 사업	**구조 및 보호 활동**: 유기·사고·피학대 동물의 구조와 보호 활동을 지원하고 있습니다. **법과 정책 개선**: 동물들을 인간의 남용과 착취로부터 효과적으로 보호할 수 있는 법과 정책의 실현을 위해 연구하고 있습니다. **동물권 교육**: 생명 감수성, 공감 능력, 책임감을 키우는 동물권 교육을 위해 교안 개발과 찾아가는 교육을 실시하며, 동물권 자료와 기록을 보관하고 공유합니다.
기부금 내역 ※ 출처: 국세청 공시자료 2019	- 2019년 기부금 수입: 3,258,984,075원 - 2019년 기부금 지출: 2,952,438,632원

● 동물자유연대

모든 생명은 생명 자체로서 보호받고 존중받을 권리가 있다는 가치에 따라 동물에 대한 사회 인식 개선, 인간과 동물이 공존할 수 있는 사회를 만들기 위해 활동하는 단체입니다. 인간에 의해 이용되거나, 삶의 터전을 잃어가는 동물의 수와 종을 줄여나감으로써, 인간과 동물이 생태적 · 윤리적 조화를 이루며 살아가는 것을 목표로 설립되었습니다.

동물자유연대 www.animals.or.kr / 02-2292-6337

설립일	2001년 5월
주요 사업	**반려동물 복지 프로그램**: 반려동물의 복지와 사회적 지위 제고를 위한 입법 및 정책 제안을 지속적으로 전개합니다. **개·고양이 도살 금지 및 농장 동물 복지 프로그램**: 개·고양이 도살 금지 캠페인을 전개하여 다양한 지지층을 구축하며 인식의 저변을 확대하고 농장 동물의 사육과 운송, 도축에서 동물들이 받는 고통을 최소화하기 위한 캠페인과 입법을 추진합니다. **동물 보호 교육**: 동물의 생명 가치에 대한 시민들의 인식 전환에 기여하고자 다양한 교육 사업을 진행하고 있습니다. **반려동물 복지센터 운영**: 학대나 사고로 심신이 손상되어 많은 관심과 치료가 필요한 동물들을 구조하여 보호하고 있습니다.
기부금 내역 ※ 출처: 국세청 공시자료 2019	- 2019년 기부금 수입: 4,445,231,878원 - 2019년 기부금 지출: 4,062,787,973원

의료 및 건강 분야 기부

의료와 건강은 인간의 오랜 역사와 함께한 가장 핵심적인 문제였습니다. 특히 전쟁이나 다양한 재난, 가난과 같은 사회 문제는 의료 문제, 건강 문제를 항상 수반합니다.

● 국경없는 의사회

의료 분야에서 대중적으로 가장 많이 알려졌으며, 국제 인도주의 의료 구호 단체입니다. 한국지부도 설치돼 활발히 운영되고 있습니다. 국제 인도주의를 바탕으로 인종·종교·성별·정치적 성향 등 어떠한 차별 없이 진료 활동을 벌이고 있습니다.

국경없는 의사회 msf.or.kr / 02-3703-3540

설립일	2012월 7월 3일
주요 사업	**현장 활동**: 70여개 국가에서 긴급 의료 지원 활동을 하고 있습니다. 주로 무력 분쟁, 전염병 창궐, 자연재해, 의료 사각지대에서 활동하고 있습니다. **의료 지원 활동**: HIV/AIDS, 결핵, 뇌수막염, 뎅기, 말라리아, 샤가스 병, 성폭력, 수면병, 수술, 식수 위생, 에볼라, 에이즈, 영양실조, 예방접종, 유행성 출혈, 임신/출산 지원, 정신 보건, 콜레라, 황열, 흑열병(내장 리슈마니아증)에 대한 의료 지원 활동을 전개하고 있습니다. **옹호 및 의견표명 활동**: 주요 뉴스 바깥에서 일어나는 위기와 학대 상황을 대중에게 알리고, 구호 체계의 결함을 비판하고, 인도주의 구호가 정치적 이해관계에 이용되는 것에 이의를 제기하고, 의료나 필수 의약품에 대한 접근을 제한하는 정책을 지적하기 위해 노력하고 있습니다.
기부금 내역 ※ 출처: 국세청 공시자료	- 2019 기부금 수입: 17,605,301,172원 - 2019 기부금 지출: 22,406,529,041원

에볼라 대응은 성공적이었나

생각 나눔 ●

기부 개념 발전시키기

의료 분야 기부는 대부분 의료 단체에 대한 금전적 지원이 주를 이룹니다. 도움이 필요한 지역과 대상을 위해 활동하는 NGO 및 자선 기관에 기부자들이 지원하는 방식입니다. 최근에는 조금 더 다각적인 접근이 이루어지고 있습니다. 무엇을 지원할 것인지도 기부자들이 관심을 갖기 시작했습니다. 예를 들어 백신접종이나 휠체어처럼 관심 대상에게 필요한 것이 무엇인지 고민하고 기부자가 각각 선택할 수 있는 기부 프로그램도 많이 등장하고 있습니다.

의료 분야를 넘어 다양한 영역에서도 이런 방식의 기부 프로그램이 제공되고 있습니다. 만약 자신이 어떤 대상에 대해 관심을 가지게 됐다면 그들에게 무엇이 필요한지를 고민해보는 것도 기부를 보다 가치 있게 만드는 일입니다. 저도 개인적으로 관심을 가지는 대상이 무엇을 필요로 하고 어떤 도움을 줄 수 있는지에 대해 더욱 구체적으로 생각하고 알게 되는 과정에서 보람을 느꼈습니다.

● 국제백신연구소(International Vaccine Institute)

국제백신연구소(IVI)는 유엔개발계획(UNDP)의 주도하에 설립된 비영리 국제기구입니다. IVI는 세계 보건을 위해 백신과 예방접종에 전념하는 국제기구로서 세계 공중보건을 위한 안전하고 효과적이며 저렴한 백신의 발굴, 개발 및 보급에 노력하고 있습니다. IVI는 대한민국에 본부를 둔 최초의 국제기구로서 대한민국, 스웨덴, 인도, 중국 등 35개 국가와 세계보건기구(WHO)가 IVI의 설립 협정에 가입했습니다.

국제백신연구소 www.ivi.int / 02-872-2801

설립일	2009년 5월 7일(설립일) / 2011년 7월 1일(기부금단체 지정일)
주요 사업	**발굴**: 새로운 백신을 디자인 및 조성하며, 확대 생산을 위한 생산 공정을 최적화하고, 인체에 대한 백신 임상시험을 지원하는 새로운 기술을 개발 **개발**: - 제조업체에 기술을 이전하고 파트너십을 통한 백신 개발 및 상용화: 공공 부문 시장을 위한 임상시험, 등록, WHO 승인 획득 후원 및 지원 포함 - 민관 협력 사업 주도 및 관리, 다양한 분야의 인재 및 자금 확보를 통해 백신 개발 지원 **보급**: - 정부 및 정책 입안자를 위해 백신 필요성 관련 데이터(사망자 및 질병 수, 고위험군, 질병의 경제적 비용)를 생성하여 백신 도입 가속화 - 백신 보급 및 효과 연구를 통해 실생활에서 백신이 얼마나 효과가 있는지 확인하고 프로그램 타당성 평가 - 임산부, 난민, 이재민 등의 소수 집단에 초점을 맞춘 백신 안전성 연구 수행 **역량 강화**: 기술 지원, 기술 이전, 교육 프로그램, 연례 백신학 연수를 통해 개발도상국의 백신 확보 및 자립성 보장
기부금 내역 ※ 출처: 국세청 공시자료	- 2019년 기부금 수입: 505,219,580원 - 2019년 기부금 지출: 508,411,372원

● 병원 기부

의료 분야에서 가장 대표적인 기부처는 병원입니다. 병원 기부금은 경제적으로 어려운 환자 지원, 희귀성·난치성 질환 연구, 진료 환경 개선, 공공의료 사업 등 의료 분야 발전을 위해 사용됩니다. 병원을 운영하고 있는 사립학교나 의료법인 등에서 발전 기금과 후원회 형태로 기부금을 모집하고 있습니다. 이 외에도 대형 사립병원에서 기부금을 모집하고 있습니다. 또 각 병원마다 기부 금액에 따라 다양한 기부자 예우 프로그램들을 운영하고 있습니다. 단, 병원의 설립 근거에 따라 법정 기부금 단체와 지정 기부금 단체로 나뉠 수 있으니 세금 공제를 생각하고 있다면 사전에 확인해야 합니다.

후원회	홈페이지	전화번호
강원대학교병원 발전후원회	www.knuh.or.kr/hospitalinfo/hospitalinfo_08.asp	033-258-9184
경북대학교병원 발전후원회	www.knuh.kr/content/10sponsor/01_01.asp	053-200-5923
고려대학교의료원 의학발전기금	www.kumc.or.kr/depthome/etfun/	02-920-5907
서울대학교병원 발전후원회	www.snuhfund.com/	02-2072-1004
순천향대학교 부속 천안병원 발전기금	www.schmc.ac.kr/cheonan/contents.do?key=896	041-570-2114
연세대학교의료원 발전기금	www.yuhs.or.kr/fund/	02-2228-1085
전남대학교병원 발전후원회	www.cnuh.com/cnuh/sub.cs?m=86	062-220-6092

제주대학교병원 발전후원회	fund.jejunuh.co.kr/index.do	064-717-1053
한양대학교의료원 발전기금	fund.hyumc.com/services/index	02-2290-9535

농어촌 분야 기부

우리나라 경제 성장의 부작용 중 하나가 바로 도시 지역과 농어촌 지역의 격차입니다. 소득·교육·문화·의료·지역 발전 등 다양한 영역에서 도시와 농어촌 지역 간의 격차가 발생하고 있습니다. 이러한 문제를 해결하기 위해 농어촌 지역을 지원하는 기관들이 생겨나고 있습니다.

● 농어촌희망재단

농어촌에 거주하는 사람들과 지역 발전을 위해 활동하고 있는 대표적인 단체입니다. 농어촌 사회의 인재 양성과 삶의 질 향상을 위해 교육 및 문화에 초점을 두고 사업을 진행하고 있습니다.

농업인 자녀 및 농업 후계 인력 장학금 지원과 농업 현장 실습 및 인턴 활동을 통해 농어촌의 우수 인재를 양성하고, 농촌 교육·문화·복지 프로그램 운영 등 농업인의 복리 증진을 위해 다양한 복지사업을 추진하고 있습니다. 또한, 문화사업을 통하여 회색 공간으로 불리던 농어촌을 신바람 나는 농어촌으로 바꾸어 가고 있습니다.

농어촌희망재단 www.rhof.or.kr / 02-509-2114

설립일 2005년 6월

주요 사업

장학: 농림·수산·식품계열 학과 고등학교 및 대학교에 재학 중인 학생에게 장학금을 지급하여 미래 농어촌 사회를 이끌어갈 우수한 인재를 양성하는 데 기여하고 있습니다.

복지: 농촌의 교육·문화·복지 여건을 개선하고 농촌 지역 주민 스스로 교육·문화·복지 프로그램 실행이 가능한 환경을 조성하는 데 기여하기 위해 농촌 주민공동체를 지원하고 있습니다. 또한 돌봄시설이 부족한 농촌에서 영유아를 안심하고 맡기고, 영농에 종사할 수 있도록 농번기 아이돌봄방을 설치·운영하고 있습니다.

문화: 도시와 농촌 간의 교류를 통해 어린이들이 건강한 인성을 함양하고 자연과 생명의 소중함을 체험할 수 있도록 다양한 체험 프로그램을 운영하고 있습니다.

기부금 내역
※ 출처: 홈페이지 공시자료

- 2019년 기부금 수입: 500,000,000원
- 2019년 기부금 지출: 500,000,000원

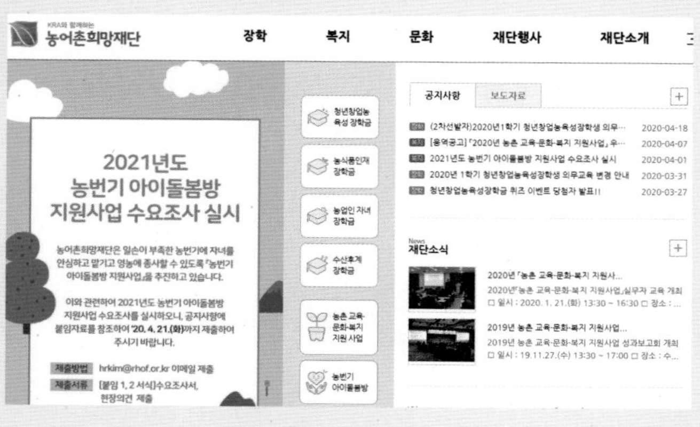

인권 분야 기부

최근 들어 인권(human rights)의 중요성이 부각되고 있습니다. 인권은 다양한 영역을 포괄하는 개념이지만 주로 인권 문제에 취약한 아동과 다양한 소수자 집단이 주요 관심 대상이 되고 있습니다. 우리 사회의 다양한 구성원들의 인권 문제에 관심이 있다면 해당 단체를 찾아 지원해보는 것은 어떨까요?

● 국제앰네스티 한국지부

앰네스티는 1961년 영국에서 시작된 인권운동 단체입니다. 한국을 포함한 150여 개국에서 80여 개 지부와 110여 개 사무실을 두고 활동하고 있습니다. 1977년 노벨평화상, 1978년 유엔인권상을 수상한 단체이기도 합니다. 인권에 관심을 가지고 있는 기부자라면 관심을 가질 만한 단체입니다.

국제앰네스티 한국지부 amnesty.or.kr / 02-730-4755

설립일	2005년 4월 26일
주요 사업	**분쟁 지역 민간인 보호**: 분쟁 지역 민간인의 안전 보장과 무책임한 무기 거래 방지를 위한 국제조약을 만들고 각 국가가 이를 준수하도록 국제적 압력을 형성하고 있습니다. **난민/이주민 지원**: 난민과 이주민의 안전한 이동과 재정착을 도우며 착취나 인신매매를 겪지 않도록 해당 정부에 권고하는 역할을 담당하고 있습니다. **여성 인권 보호**: 여성이 경험하는 정치적, 경제적, 사회적, 문화적 분야를 포함한 사회생활, 교육, 혼인, 가족생활에서의 차별에 맞서고 전 세계 여성들이 교육, 직업 등에서 경험하는 사회적 불평등을 없애고 일상적으로 만연한 성차별과 성폭력에 맞서고 있습니다.
기부금 내역 ※ 출처: 국세청 공시자료	- 2019년 기부금 수입: 4,965,734,104원 - 2019년 기부금 지출: 4,763,687,011원

● 유엔인권정책센터

유엔의 공식 기관이라고 볼 수는 없지만 유엔의 인권 제도를 중심으로 연구와 교육 훈련, 인권 옹호를 하는 비영리 기관입니다. 유엔의 인권제도에 대한 국내의 인식 저변을 확대하고 주요 국제적, 지역적 인권 이슈에 대한 연구를 수행함으로써 대한민국 국민이 지구 시민 사회의 구성원으로서 국제 사회의 인권 증진 기여를 촉진하기 위한 목적으로 설립되어 운영되고 있습니다.

유엔인권정책센터 www.kocun.org /02-6287-1210

설립일	2013년 7월 1일
주요 사업	**정책 연구**: 인권 포럼을 통해 여성, 아동, 장애인 등 다양한 인권 분야에 대한 논의의 장을 마련합니다. 이를 통해 NGO 활동가, 학생, 법률가 등의 참여를 독려하여 관련 국내외 정책과 국제 인권 기준을 연구하고 나아가 실제 국제 인권 보호 메커니즘을 활용하여 관련 국내 인권의 실질적 증진을 도모합니다. **교육 훈련**: 유엔 인권 연수, 모의 유엔인권이사회 개최, 인권 강좌, NGO 국제역량 강화 교육 훈련을 진행하고 있습니다. **인권 옹호**: 이주민 지원을 통해 국제 인권 메커니즘을 활용한 인권 활동을 지원하고 국내 이주민 및 소수자 권리 보호가 국제적 기준에 부합하는지에 대한 모니터링과 인식 및 제도 개선을 위한 활동을 수행하고 있습니다.
기부금 내역 ※ 출처: 국세청 공시자료	- 2019년 기부금 수입: 29,177,451원 - 2019년 기부금 지출: 18,158,523원

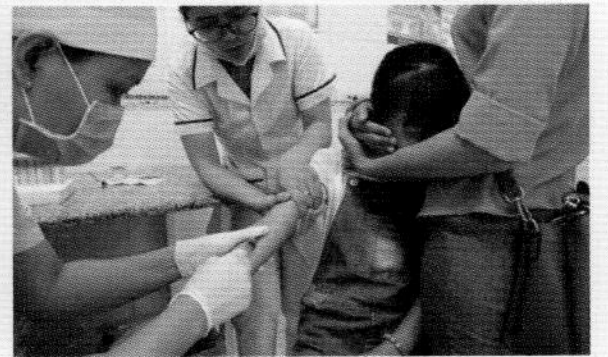

● 국제아동인권센터

아동의 인권 영역을 중심으로 활동하는 단체입니다. 아동의 인권 신장이 필요하다고 생각하는 기부자라면 관심을 가져볼 만한 단체입니다. 모든 아동이 그들의 권리, 존엄성, 진실성이 존중받는 환경 속에서 잠재력을 최대한으로 개발하여 보다 나은 세상에서 삶을 살 수 있도록 활동하고 있는 단체입니다. 모든 활동은 유엔아동권리협약과 세계인권교육 선언문을 기반으로 하며, 인류의 보편적 가치를 따르고 글로벌 경험과 지식을 통해 인권 문화 형성을 위해 설립되어 운영되고 있습니다.

국제아동인권센터 incrc.org / 02-741-3132

국제아동인권센터 International Child Rights Center

설립일	2011년 4월 26일
주요 사업	**국제 협력 사업**: 국내외 단체 및 기관과의 상호 협력 및 공동 사업, 글로벌 네트워크와 파트너십을 구축하고 있습니다. **교육·훈련 사업**: 유엔아동권리협약을 기반으로 한 교육 훈련을 통하여 아동 관련 종사자와 다양한 분야의 전문가 집단(법, 의료, 교육, 언론 등)의 아동 인권 인식 향상과 인권 감수성 증진, 아동 인권 전문가 양성에 힘쓰고 있습니다. **홍보 사업**: 유엔아동권리협약과 아동 인권 이슈에 대한 국내외 인식을 확대하고 있습니다.
기부금 내역 ※ 출처: 국세청 공시자료	- 2019년 기부금 수입: 233,394,819원 - 2019년 기부금 지출: 232,508,703원

국제아동인권센터
International Child Rights Center
Supporting
후원하기

지역 사회 기부

지역 사회마다 다양한 복지시설들이 있습니다. 아동과 청소년, 장애인, 노인을 위한 개별 복지시설뿐만 아니라 종합사회복지관 그리고 복지재단도 있습니다. 지역 사회의 복지시설에 기부하는 것은 자신이 살고 있는 동네를 위해 기부한다는 의미도 있지만, 모금 기관을 통하지 않고 스스로 선택한 사업장에 곧바로 기부한다는 데 의미가 있습니다.

● 지역 복지시설

바로 우리 주변에 있는 복지시설을 찾아 기부함으로써 자신이 사회로부터 얻은 이득을 지역 사회에 환원하고, 이웃들을 위한 각종 서비스 제공에도 기여할 수 있습니다. 기부자가 관심을 갖는 영역을 선택하고 해당 협회나 관계 기관의 홈페이지를 통해 전국의 시설들을 검색해 기부할 수 있습니다.

분류	정의	역할 및 프로그램	지역별 시설 검색
지역 아동센터	방과 후 돌봄이 필요한 지역 사회 아동들의 건전한 육성을 위하여 급식 지원, 정서 지원, 복지 지원, 학습 지원, 문화 지원 등의 종합적인 복지 서비스를 제공하는 시설	자립/보호/권리/심리치료/정서 개발/사회성 개발/교육/문화	아동권리보장원
장애인 복지관	장애인에 대한 서비스는 물론 장애 발생 예방과 장애인 문제의 조사, 연구 등 장애인 복지를 종합적으로 향상시키며 재활 자립과 복지 증진을 도모하는 시설	권익 옹호/직업 지원/교육/심리/언어/운동/일상 생활 지원/가족 지원	한국장애인 복지관협회
노인 복지관	노인의 교양, 취미생활 및 사회 참여 활동 등에 대한 각종 정보와 서비스를 제공하고, 건강 증진 및 질병 예방과 소득 보장, 재가 복지, 그 밖에 노인의 복지 증진에 필요한 종합적인 노인 복지 서비스를 제공하는 시설	시설 보호 서비스/의료 보장/방문 요양/정서 지원/가사 및 일상 생활 지원	한국노인 복지관협회
종합 사회복지관	지역 사회를 기반으로 일정한 시설과 전문 인력을 갖추고 지역 주민의 참여와 협력을 통하여 지역 사회 복지 문제를 예방하고 해결하기 위하여 종합적인 복지 서비스를 제공하는 시설	가족 기능 강화/지역 사회 보호/교육 문화/자활 지원	한국사회복지관협회

● 지역 복지재단

지역 사회를 위해 설립된 복지재단들도 있습니다. 예를 들어 김포복지재단, 증평복지재단, 강남복지재단처럼 도·시·군·동 자치단체가 출연한 재단들입니다. 자신이 살고 있는 지역의 복지재단을 찾아 어떤 사업을 하고 있는지 살펴보고 지역 사회를 위한 나눔에 동참하는 것도 의미 있는 기부라고 생각합니다.

스포츠 분야 기부

스포츠분야의 기부에 대한 관심은 아직 해외에 비해 부족한 편입니다. 만약 건강한 사회, 건강한 삶을 기부 철학의 중요한 목적으로 설정했다면 이 분야에 기부하는 것도 큰 의미를 가질 수 있습니다.

● 국민건강진흥재단

대한민국 스포츠 문화 융성을 최우선 과제로 삼고, 온 국민이 언제 어디서나 누구나 스포츠 문화를 즐길 수 있도록 운영되고 있습니다.

국민건강진흥재단 www.국민건강진흥재단.com / 02-761-4707

국민건강진흥재단 Korea National Health Foundation

설립일	1981년 11월 2일 / 2018년 11월 (명칭 변경, 한국스포츠문화재단 ⇒ 국민건강진흥재단)
주요 사업	**스포츠 인성 교육**: 다양한 스포츠와 연계한 FUN 인성 교육 프로그램을 진행하고 있습니다. **스포츠 문화 교류**: 사회 취약 계층의 스포츠 문화 향유를 돕기 위해 전문 지도자를 파견하여 스포츠 문화를 교류하는 사업을 진행하고 있습니다. **스포츠 ART**: 스포츠와 예술 문화의 결합으로 스포츠 문화를 즐길 수 있도록 노력하고 있습니다. **스포츠 봉사**: 스포츠를 통한 사회적 기여가 확산될 수 있도록 노력하고 있습니다.
기부금 내역 ※ 출처: 국세청 공시자료	- 2019년 기부금 수입: 91,685,896원 - 2019년 기부금 지출: 117,395,298원

국민건강진흥재단
Korea National Health Foundation
재단소개 사업안내 알림마당 자 료 실 협력기관 후원안내
건강한 국민, 행복한 나라
국민건강 진흥재단이 함께 하겠습니다.
Korea National Health Foundation

● 엄홍길 휴먼재단

세계 최초 히말라야 8,000m 고봉 16좌를 등정한 산악인 엄홍길 대장의 휴머니즘과 자연에 대한 사랑을 실천하고자 뜻을 같이하는 분들이 함께 설립한 재단법인입니다. 네팔 히말라야 지역에 학교 건립을 위한 휴먼스쿨 사업 및 셰르파 유가족 장학금 지원 사업과 국내외 대학생, 청소년 교류 및 산악인 유가족 지원 사업 등을 통해 국내외 공익 프로그램을 지속적으로 지원 및 운영하고 있습니다.

엄홍길 휴먼재단 www.uhf.or.kr / 02-736-8850

설립일	2008년 5월 28일
주요 사업	**네팔 휴먼스쿨 사업**: 네팔의 학생들에게 가난의 고리를 끊고 내일의 희망을 꿈꿀 수 있도록 학교를 건립하고 있습니다. 2010년 5월을 시작으로 현재 16개의 휴먼스쿨을 건립하였고, 현재 유치원 과정부터 전문학교 과정을 포함하는 휴먼스쿨 타운이 건립 중에 있습니다. **DMZ 평화통일 대장정**: 미래의 주역인 대학생들이 도전정신 함양, 평화통일 기원, 나눔문화 실천을 할 있도록 엄홍길 대장과 함께 15박 16일 동안 분단의 현장인 DMZ를 따라 350km를 걷는 대장정입니다. **전국 청소년 스포츠클라이밍 대회**: 청소년들의 도전정신과 진취적인 기상을 고취하고 스포츠클라이밍 선수 육성과 저변 확대 및 활성화를 위해 2013년부터 매년 전국 대회로 개최해오고 있으며 해를 거듭할수록 참가자와 행사 규모가 확대되고 있습니다.
기부금 내역 ※ 출처: 국세청 공시자료	- 2019년 기부금 수입: 1,733,133,949원 - 2019년 기부금 지출: 2,187,290,036원

엄홍길 대장의 멈추지 않는 '도전'
16차 딸깨쉴 휴먼스쿨타운 기공식, 첫 삽뜨다
휴먼스쿨을 통해 네팔 학생들에게 배움의 즐거움, 삶의 희망을 주고 싶습니다.
자세히 보기 »

역사 분야 기부

역사 속 위인을 기리며 그 뜻을 이어받기 위해 기부할 수도 있고, 사회적 의인들을 돕기 위해 기부할 수도 있습니다.

● **안중근 기념관**

안중근 기념관은 1970년 10월 26일 안중근 의사 하얼빈 의거 61주년을 기념해 서울 남산공원에 설립된 역사기념관입니다. 사단법인 안중근 숭모회가 관리·운영하고 있습니다. 안중근 의사에 관한 유물과 자료를 전시하고 그 사상과 정신을 보급하는 것을 목적으로 운영되고 있습니다. 일제강점기 때 신사(神社)인 조선신궁(朝鮮神宮)이 있던 자리에 세워졌습니다. 해방 후 일제의 잔재와 굴욕을 씻어내기 위해 지금의 위치에 설립한 것이라고 전해지고 있습니다. 젊은 세대와 후손들에게 나라와 민족이 무엇인가를 일깨우고자 노력하고 있습니다.

안중근 기념관 www.ahnjunggeun.or.kr / 02-3789-1016

설립일	1970년 10월 26일 (안중근의사기념관 개관)
주요 사업	**전시**: 중앙홀, 1, 2, 3전시장, 기획 및 체험 전시장 운영을 통해 안중근 의사 및 독립 운동과 관련된 유물 및 자료를 전시하고 있습니다. **교육 및 행사 운영**: 애국심을 배양하기 위한 교육 및 행사를 운영합니다.
기부금 내역 ※ 출처: 국세청 공시자료	[안중근의사 숭모회] - 2019년 기부금 수입: 200,846,910원 - 2019년 기부금 지출: 188,706,928원

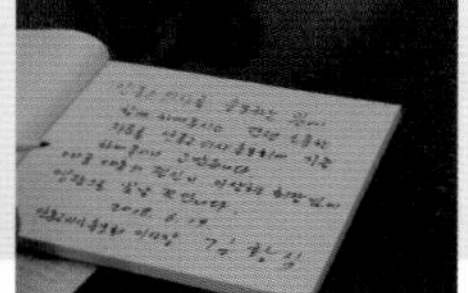

안중근 의사 관련 자료 기증

저도 안중근 기념관에 관련 자료를 기증했던 경험이 있습니다. 가족과 함께 안중근 기념관 전시실을 방문했을 때 안중근 의사의 숭고한 업적에 비해 자료가 많이 부족하다는 생각이 들었습니다. 문득 나의 수집품 중 안중근 의사와 관련된 것들이 떠올랐습니다. 곧장 기념관 학예사를 찾아가 안중근 의사 우표와 기념 주화에 대해 알리고 소장 여부를 문의했습니다. 학예사는 소장품이 없다고 했습니다. 비록 후대의 자료이고 작은 물건이지만 남한과 북한 정부에서 안중근 의사를 기념하여 공식적으로 발행한 우표와 화폐라면 기념관에서도 의미가 있을 것이라며 대화를 나눴고, 곧바로 기증 의사를 밝혔습니다. 얼마 후 해당 자료들에 대한 금전적 가치를 입증하는 증빙자료를 두고 기념관과 논의가 이루어졌습니다. 제가 소장하고 있던 자료와 함께 몇몇 자료를 추가로 구해 기증식도 가졌습니다. 제 작은 기증으로 안중근 의사의 뜻을 널리 알리는데 조금이나마 기여할 수 있다는 점에서 뿌듯함을 느꼈습니다. 기증을 하고 나서 이렇게 기부금 영수증을 발급받을 수 있습니다.

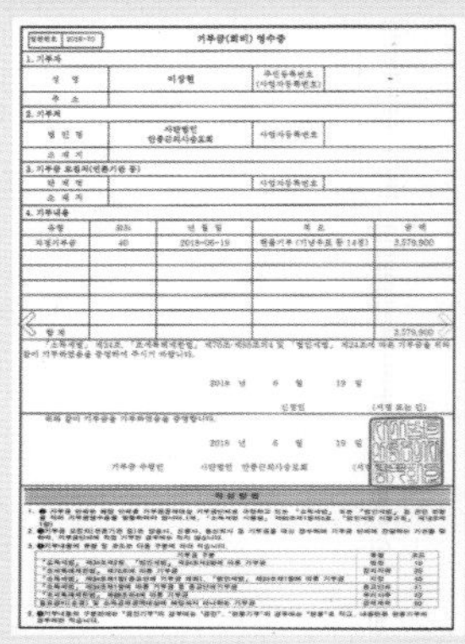

기부금(회비) 영수증

1. 기부자

2. 기부처

4. 기부내용

대상별 기부단체 찾기

대상별로 활동하는 대표적인 기부 기관을 찾아 기부할 수도 있습니다. 먼저 국내와 해외 대상자로 크게 나눌 수 있습니다. 국내에서는 영유아, 청소년, 장애인, 여성 및 미혼모, 다문화 가정, 노인, 북한 이탈 주민, 노숙인을 대상으로 활동하는 단체들이 있습니다. 해외에서는 주로 아동과 청소년 그리고 지역 사회 개발을 중심으로 활동하는 단체들을 살펴봅니다. 기부 철학을 정립할 때 목적과 대상을 찾는 것이 핵심입니다.

국내 대상자

국내에서는 수많은 대상자 집단에서 당면하고 있는 문제를 해결하기 위해 다양한 기관이 활동하고 있습니다. 해당 단체들을 살펴보고 단체를 대표할 만한 프로그램이 있을 경우 집중적으로 살펴보겠습니다.

— 영유아

영유아는 생후부터 만 6세 이전의 취학 전 아동을 말합니다. 영유아를 대상으로 하는 대부분의 사업이 입양과 관련이 있습니다. 여전히 태어나자마자 버려지는 아이들이 많습니다. 이들을 적절히 양육할 수 있는 가정으로 연결해주는 활동에 초점이 맞춰져 있습니다.

● 세이브더칠드런

세이브더칠드런은 설립된 지 100년이 넘은 국제 구호개발 NGO로, 아동의 생존 · 보호 · 발달 · 참여의 권리를 실현하기 위해 전 세계 약 120개 국가에서 활동하고 있습니다. 교육, 아동보호, 보건, 인도적 지원 등 다양한 분야에서 아동과 가정 · 지역사회를 지원하고, 아동의 의견을 바탕으로 아동 권리에 관한 법, 제도, 정책을 바꿔 나갑니다. 인종, 종교, 국적, 정치적 이념을 초월하여 국내외 아동의 삶에 근본적이고 지속적인 변화를 만들어갑니다. 국내와 국제 옹호 활동도 진행하고 있습니다.

세이브더칠드런 www.sc.or.kr / 02-6900-4400

설립일	1919년 (에글렌타인 젭, 영국 런던에서 세이브더칠드런 설립) 1953년 (한국전쟁 후 부산을 중심으로 구호활동 시작)
주요 사업 ※ 출처: www.sc.or.kr/moja/join/joininfo.do	**신생아 살리기 캠페인** 임신부터 출산, 생후 4주까지는 신생아의 생존을 결정짓는 가장 중요한 시기입니다. 매년 전 세계에서 생후 한 달 안에 목숨을 잃는 신생아 수는 250만 명이며, 출산 중 사망하는 산모는 30만 명입니다. 이들 중 70% 이상은 저체온증이나 호흡곤란, 비위생적인 분만 환경에서 합병증 등 예방과 치료가 가능한 질병으로 사망합니다. 세이브더칠드런은 신생아 살리기 캠페인으로 산모와 신생아의 안전한 출산과 건강관리를 지원합니다. 캠페인에 참여한 분들이 직접 떠서 보낸 털 모자를 아기에게 씌우면 체온을 2℃ 높여 저체중, 저체온인 신생아를 살릴 수 있습니다. 후원금으로는 필수약품, 항균 비누 등 물품을 지원하고 보건시설을 이용할 수 있도록 합니다. 모자 뜨기 키트를 구입해서 직접 모자를 뜨는 것 외에도 후원과 자원봉사로도 캠페인에 참여할 수 있습니다. 신생아를 살리는 일에 참여해보시는 것은 어떨까요?

기부금 내역

※ 출처: 국세청 공시자료

- 2019년 기부금 수입: 63,118,989,633원
- 2019년 기부금 지출: 64,340,245,789원

Save the Children
100 YEARS

'우리가 아이를 구하면 아이가 세상을 구한다'
올해로 100주년을 맞은 세이브더칠드런은 아동의 권리 향상을 위해
인종, 종교, 정치적 이념을 초월하여 활동하는 국제 NGO입니다.

• 노트북 등에 자유롭게 떼었다 붙일 수 있는 **리무버블스티커** 입니다.

● 홀트아동복지회

1955년 한국전쟁 직후 해리 홀트(Harry Holt)는 전쟁과 가난으로 부모를 잃은 아이들에게 가정을 만들어주기 위해 홀트아동복지회를 설립해 부인 버다(Bertha Holt) 여사와 함께 평생을 헌신했습니다. '사랑을 행동으로' 보여준 그의 정신을 이어받아 지난 65년간 아동·청소년, 미혼 한부모와 장애인, 지역 사회와 다문화 가정 등 우리 사회의 소외된 이웃을 위해 복지 서비스를 펼치고 있습니다. 2017년 유엔 경제사회이사회(UN ECOSOC)로부터 특별협의지위(special consultative status)를 획득했습니다. 해리 홀트·버다 홀트 부부는 아이들을 지속해서 도울 수 있는 최선의 방법은 응급 구호보다 새로운 가정을 찾아주어 평생 보호하는 일임을 깨닫고 가정 보호 활동에 매진했습니다. 홀트아동복지회는 입양 복지를 시작으로 아동·청소년 복지, 미혼 한부모 가족 복지, 장애인 복지, 지역 사회 복지, 건강 가정·다문화 가족 복지, 영유아 복지, 국제 개발 협력 등 우리 사회의 더 큰 가족이 되어 다양한 활동을 펼쳐왔습니다.

홀트아동복지회 www.holt.or.kr / 1899-0923

HOLT 홀트아동복지회

설립일	1955년 10월 (홀트 부부 전쟁 고아 8명 입양) *10/12 홀트창립 기념일 1956년 2월 (홀트씨해외양자회 설립)
주요 사업	유엔 회원국들이 모여 합의한 국제적인 약속, 지속 가능 발전 목표(SDGs)를 함께 실천하고 있으며 이를 위해 가정 지원 / 건강 지원 / 교육 지원 / 정서 지원 / 자립 지원 / 인식 개선 / 해외 사업 등 다방면으로 지원하고 있습니다. **가정 지원**: 가정 위탁 아동 보호, 입양 및 가정 지원, 시설 아동 지원, 아동·청소년 주거 지원, 학대 피해 아동 보호, 미혼 한부모 주거 지원 외 **건강 지원**: 아동·청소년 의료 지원, 입양 대기 아동 의료 지원, 장애인 재활프로그램 외 **교육 지원**: 아동·청소년 교육비 지원, 장애인 특수학교 운영, 지역 아동센터 및 공부방 운영 외 **정서 지원**: 아동·청소년 심리 정서 지원, 미혼 한부모 정서 지원, 장애인 재활 문화예술 활동, 홀트심리상담센터 외 **자립 지원**: 시설 퇴소 아동·청소년 자립 지원, 미혼 한부모 양육비 및 맞춤형 지원, 장애인 자립 지원 외 **인식 개선**: 미혼 한부모 가족·입양·아동 권리 인식 개선 외 **해외 사업**: 가정 및 자립 지원, 교육환경 개선, 아동 초청 연수, 홀트드림센터 외
기부금 내역 ※ 출처: 홀트아동복지회 홈페이지 공시자료	- 2019년 기부금 수입: 11,758,462,922원 - 2019년 기부금 지출: 15,826,660,020원
기타	- 후원문의: T. 02-331-7073~6 / E-mail: sponsor@holt.or.kr - ARS 후원: 060-700-1006

— 아동 및 청소년

가장 일반적인 기부의 대상입니다. 사회복지 분야의 대부분 기관들도 아동, 청소년을 대상으로 운영하고 있습니다.

● **초록우산 어린이재단**

월드비전, 굿네이버스 등과 마찬가지로 아동 분야에서 왕성한 활동을 펼치고 있는 사회복지 기관입니다. 실종 아동 찾기 프로그램이 대표적입니다. 예전에 우유 겉면에 붙어 있던 실종 어린이 사진을 보며 가슴 아파했던 일이 떠오르는 분들도 있을 겁니다. 그 활동을 초록우산 어린이재단에서 주도적으로 진행했었습니다. 초록우산 어린이재단은 1948년부터 전 세계 아동들이 존중받으며 성장할 수 있도록 아동 친화적인 환경 개선과 아동의 목소리를 대변해온 아동 옹호 대표 기관입니다. 72년째 생존 지원, 보호 지원, 발달 지원, 권리 옹호 등 아동의 성장과 관련된 모든 영역에서 초록우산 어린이재단만의 특화되고 표준화된 복지서비스를 제공하고 있습니다.

초록우산 어린이재단 www.childfund.or.kr / 1588-1940

설립일	1948년 (CCF, 미국기독교아동복리회 한국지부 설립) 1986년 (한국어린이재단으로 명칭 변경) 2008년 (어린이재단으로 명칭 변경)
주요 사업	초록우산 어린이재단은 아동 옹호 대표 기관으로서 아동의 권리가 보호·존중·실현되도록 유엔아동권리협약에 기반하여 아동 권리 증진, 가족 기능 강화, 교육 여가 문화 지원, 폭력으로부터 아동 보호, 기본적인 생활 보장 등 다양한 복지사업을 실시하고 있습니다.
기부금 내역 ※ 출처: 국세청 공시자료 2019	- 2019년 기부금 수입: 170,792,327,931원 - 2019년 기부금 지출: 165,620,703,393원

후원, 새로운 만남과 건강한 헤어짐이 공존하는 곳

평소 어려운 환경에 처한 아이들에게 관심 있는 후원자라면 다양한 기관들을 통해 매월 정기 후원을 할 수 있습니다. 규모가 큰 자선 기관은 전국적으로도 운영되기 때문에 후원자의 의사에 따라 특정 지역을 선정해서 도울 수 있습니다. 상담을 거쳐 후원 아동을 추천받고 나면 사회복지사의 설명과 후원금을 통해 지원되는 교육 및 다양한 문화활동에 대한 안내문을 받게 됩니다. 새로운 만남이 시작되는 것이죠. 물론 늘 기쁘기만 한 만남은 아닙니다. 후원 아동의 안타까운 사연이 마음을 아프게도 합니다. 하지만 그들을 알아가고 이해하게 되면서 후원자는 후원을 지속할 수 있는 힘을 얻습니다. 물론 후원자의 정보도 후원 아동에게 전달됩니다. 후원자의 마음을 함께 전하는 것도 중요한 부분입니다.

후원자와 후원 아동의 만남은 기부자의 관심에 따라서 무르익어갈 수 있습니다. 제가 군대에서 월드비전을 통해 경험한 첫 만남도 마찬가지였습니다. 보통 후원 아동은 정기적으로 자신의 근황과 향후 계획 등을 알리는 편지를 발송합니다. 아무것도 아닌 것이라 지나칠 수도 있지만, 이런 편지를 통해 서로 관심을 갖고 함께 소통하며 삶을 나눌 수도 있습니다. 후원 아동의 생일을 앞두고 작은 선물을 준비하던 때가 기억납니다. 후원자가 쓰는 편지도 아동에게 전달할 수 있습니다. 물론 편지와 함께 선물도 기관을 통해 보낼 수 있습니다. 만약 선물을 고르기 어렵다면 담당 사회복지사에게 문의해 아동에게 필요한 적절한 선물을 추천받을 수도 있습니다. 지속적으로 후원이 이루어지다 보면 후원 아동과의 실제 만남도 이루어질 수 있습니다. 이러한 작은 소통들이 기부자와 후원 아동에게 따뜻함으로 다가올 수 있습니다.

하지만 만남이 있으면 헤어짐도 있듯이, 아동에 대한 후원도 종결의 과정이 있습니다. 보통 후원 프로그램은 아동이 초등학교 때부터 시작해서 고등학교를 졸업하고 성인이 되면 종결됩니다. 상당히 긴 과정이기 때문에 심사숙고해서 장기적인 후원 의사를 확실하게 하는 것이 중요합니다. 중도에 후원이 중단되고 후원자가 바뀌면서 후원 아동의 정서적 혼란을 가져올 수도 있기 때문입니다. 제가 후원하는 월드비전의 경우 일반적으로 만 13세 이하의 아동을 후원자와 연결해주고, 고등학교 졸업 시기까지 후원이 이루어집니다. 이후에도 지속적으로 교류를 하고 싶다면 후원 대상자의 동의를 얻는 과정을 거쳐 결연 기관을 통해 연락처를 제공받을 수도 있습니다. 단, 후원 이후부터 사적인 관계이기 때문에 그에 대한 책임은 후원자 본인에게 따른다는 것을 명심해야 합니다.

아동 결연 후 받게 되는 안내 자료

— 장애인

보통 장애는 다름이라고 설명합니다. 장애인들이 차별받지 않고 다름으로 인정받을 수 있는 환경이 조성되도록 기부를 통해 지원할 수 있습니다. 장애인은 신체 장애와 정신 장애로 인해 장기간에 걸쳐 생활에 상당한 제약을 받는 사람을 말합니다. 보통 태어날 때부터 장애를 가진 '선천적 장애인'과 교통사고 등으로 장애를 갖게 된 '후천적 장애인'으로 나뉩니다.

● 한국장애인재단

장애인을 지원하는 많은 기관들이 있지만, 그중에서도 한국장애인재단은 국내 최초의 장애인 전문 민간 공익 재단으로 장애를 이유로 차별받지 않고, 다양성이 존중될 수 있는 사회를 위해 다양한 장애인 공익사업을 진행합니다. 장애를 떠나 서로 이해를 바탕으로 공존하는 사회를 만들어 나가는 데 관심이 있는 분이라면 기부를 통해 지원에 참여하는 것도 좋은 방법입니다.

한국장애인재단 www.herbnanum.org / 02-6399-6236

한국장애인재단

설립일	2004년 3월 16일
주요 사업	**[장애인 단체 프로그램 지원 사업]** 장애인 단체 중에는 열악한 재정과 환경으로 어려움을 겪고 있는 곳들이 많습니다. 한국장애인재단은 장애인의 사회참여와 인권증진을 위해 이러한 단체의 프로그램 지원을 중점사업으로 합니다. 이 외에도 장애인의 이동권 향상· 편의증진· 교육을 위한 공익사업, 장애를 주제로 한 논문 연구 지원과 번역 출간, 인식개선 공모전 등을 진행하고 있습니다.
기부금 내역 ※ 출처: 국세청 공시자료	- 2019년 기부금 수입: 668,905,153원 - 2019년 기부금 지출: 613,485,360원 ※ 잔액은 차기 연도로 이월하여 사용

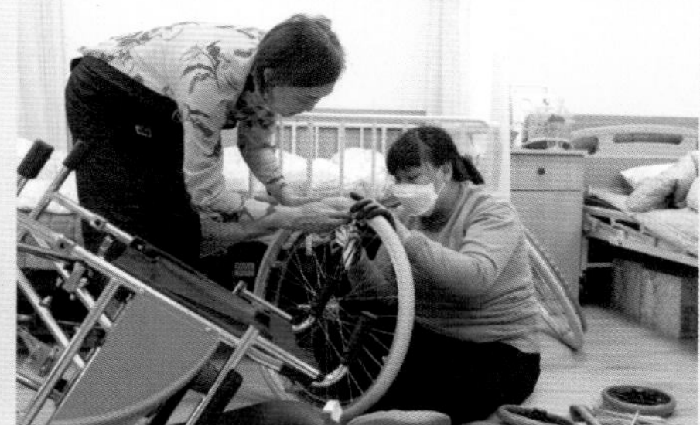

● 실로암시각장애인복지회

시각장애인을 위한 단체입니다. 시각장애인들이 겪는 실생활의 어려움을 극복하도록 도움을 주기 위해 다양한 서비스를 제공하고 있습니다. 실로암시각장애인복지회는 시각장애인복지관 운영을 중심으로 시각장애인을 위한 다양한 사업을 통해 시각장애인의 전인적 복지를 추구하고 있습니다.

실로암시각장애인복지회 www.silwel.org / 02-880-0500

설립일	1997년 10월 30일
주요 사업	[실로암점자도서관 운영] 시각장애인을 위한 독서 문화 사업, 독서 교육 사업, 도서관 운영, 이동 도서관 사업을 통해 장애인들이 지식을 습득하고, 보다 폭 넓은 독서 생활을 할 수 있도록 지원하기 위해서 점자 도서관을 운영하고 있습니다. 이 외에도 학습 지원(시각장애인 맞춤형 도서 제작), 근로 작업장, 보호 작업장 운영도 진행하고 있습니다.
기부금 내역 ※ 출처: 국세청 공시자료	- 2019년 기부금 수입: 886,580,445원 - 2019년 기부금 지출: 873,832,664원

— 여성 및 미혼모

미혼모(single mother)는 결혼하지 않았는데 아이를 가져서 어머니가 된 여성을 뜻하는데 직접 아이를 낳는 경우뿐만 아니라 아이를 입양한 경우도 포함됩니다. 여성과 미혼모가 도움이 필요한 경우에 찾을 수 있는 기관들이 있습니다. 양성 평등이나 여성의 사회적 안전망에 관심이 있는 기부자라면 이런 기관에 기부하는 것이 큰 의미를 가질 수 있습니다.

● 한국여성의전화

한국여성의전화는 여성에 대한 폭력이 없는 사회를 만들기 위해 노력하는 단체입니다. 성 평등한 세상, 여성에 대한 모든 폭력이 없는 세상, 민주주의가 실현되는 세상을 만들기 위해 활동하고 있는 단체입니다.

한국여성의전화 www.hotline.or.kr / 02-3156-5400

설립일	1994년 9월 12일 (설립일) 2011년 3월 31일 (기부금단체 지정일)
주요 사업	가정폭력, 성폭력, 성매매 등 여성폭력 문제를 겪은 여성들을 대상으로 전화 상담, 면접 상담, 법률 상담을 제공하고 있습니다. 전화 상담은 평일 오전 10시부터 오후 5시까지 가능하며, 면접 상담은 전화로 사전에 예약을 해야 가능합니다. 이 외에도 법률 상담 및 폭력 예방 캠페인 등을 활발히 진행하고 있습니다.
기부금 내역 ※ 출처: 국세청 공시자료	- 2019년 기부금 수입: 709,027,107원 - 2019년 기부금 지출: 709,027,107원
기타	- 문자후원: #2540-1983(1건 3,000원)

● 십대여성인권센터

10대 아동 청소년 중 여성에 초점을 맞추고 사업을 진행하고 있는 기관입니다. 여성과 아동 등 약자에 대한 성 착취 목적의 인신매매에 반대하는 국제적인 행동 단체로서 청소년·인터넷·성매매 방지를 위한 종합적 지원센터가 되기 위해 다양한 활동을 전개하고 있습니다.

십대여성인권센터 www.10up.or.kr / 02-2633-1318

십대여성인권센터
Stand Up Against Sex-Trafficking of Minors

설립일	2015년 1월 19일
주요 사업	[사이버 또래 상담 사업] 십대여성인권센터는 성매매가 이루어지는 채팅 사이트나 애플리케이션, 카페 등에 접속해 성매매 피해 정황이 보이는 여성 청소년에게 먼저 말을 거는 '찾아가는 상담'을 진행하고 있습니다. 또한 내담자의 욕구와 상황에 따라 기관 연계, 교육 연계, 일자리 제공, 법률 지원 등을 수행하고 있습니다. 이 외에도 위기 청소년 교육 및 SNS(Stop N Start) 사업을 진행하고 있습니다.
기부금 내역 ※ 출처: 국세청 공시자료	- 2019년 기부금 수입: 87,611,928원 - 2019년 기부금 지출: 93,334,078원

— 다문화 가정

2017년 전국 외국인 등록 현황은 171만 명이며 그중 다문화 가정을 이루고 있는 인구는 100만 명이 넘는다고 합니다. 단일 민족을 강조하던 한국도 점차 다문화 사회로 들어서고 있습니다. 다문화 가정은 다양한 문제에 직면할 수 있습니다. 먼저 문화와 언어의 차이를 비롯해 사회적 안전망을 충분히 보장받을 수 없다는 문제도 있습니다.

● 이주배경청소년지원재단(무지개청소년센터)

청소년복지지원법 제18조에 따른 이주배경청소년(탈북 청소년, 다문화 청소년, 중도 입국 청소년 등)을 지원하고 더불어 살아가는 다문화 사회를 만들어가는 비영리 재단법인입니다.

이주배경청소년과 함께 만드는 공존과 통합의 다문화 한국 사회 실현을 비전으로 인권 및 지역에 기반한 이주배경청소년 정착·통합 지원, 청소년 다문화 역량 강화, 다문화 사회를 선도하는 청소년 정책 개발 및 제언을 목적으로 운영되고 있습니다.

이주배경청소년지원재단(무지개청소년센터) www.rainbowyouth.or.kr / 02-733-7587

설립일	2006년 4월 24일
주요 사업	[레인보우스쿨 운영] 레인보우(무지개)는 다문화 가족을 뜻합니다. 중도 입국 청소년들(제3국 출생 탈북 청소년 포함)에게 한국 사회에 대한 기본 정보, 한국어 교육, 사회적 관계 향상 등 심리 정서 지원 프로그램 등을 제공하고 정규 교육 과정으로의 편입학 지원, 진로 지도 등을 통해 원활한 한국 사회 초기 적응 지원에 목적을 두고 운영되고 있습니다. 이 외에도 탈북 청소년을 위한 통합 지원(레인보우체험학교)과 인식 개선(다가감) 사업을 진행하고 있습니다.
기부금 내역 ※ 출처: 국세청 공시자료	- 2019년 기부금 수입: 735,174,576원 - 2019년 기부금 지출: 735,669,372원

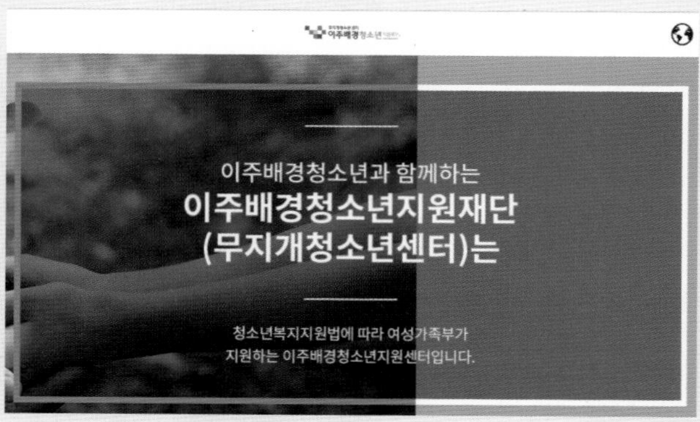

● 다문화종합복지센터

다문화종합복지센터는 다문화 가정의 안정적인 한국 사회 정착 및 삶의 질 향상을 위해 노력하는 단체입니다. 한국 사회에서 점차 증가하고 있는 다문화 가정들이 문화·사회적 차이를 극복하고 한국 사회에 정착하여 행복한 삶을 누릴 수 있도록 상담, 교육, 복지, 봉사 등을 지원하는 데 목적을 두고 있습니다.

다문화종합복지센터 www.mgwc.or.kr / 02-717-1718

설립일	2010년 7월 5일
주요 사업	다문화종합복지센터의 사업은 상담 나눔, 교육 나눔, 봉사 나눔으로 나누어집니다. 특히 이 중에서 교육 나눔은 다문화 2세들을 위해 글로벌 시대 다문화 가정으로서 자긍심을 갖고, 자아 정체성을 올바르게 확립할 수 있는 교육 프로그램을 실시하고 있습니다. 또한 건강한 가족 관계 형성을 위한 부부 교육, 자녀 교육, 다문화 교육 전문 강사 양성 과정 등 다문화 가정을 위해 특성화된 맞춤형 교육을 실시하고 있습니다.
기부금 내역 ※ 출처: 국세청 공시자료	- 2019년 기부금 수입: 1,784,476,409원 - 2019년 기부금 지출: 1,678,827,610원

— 노인

노인은 아동 및 청소년과 함께 대표적으로 도움이 필요한 연령층입니다. 최근에는 가족 혼자 살아가는 독거노인 문제가 사회적으로 주목을 받고 있습니다. 이들에게는 경제적인 지원뿐만 아니라 정서적인 지원도 절실하게 필요합니다.

● 한국재가노인복지협회

어르신과 함께하는 지역 사회 재가노인 복지체계를 구축하고 복지 사업과 재가 장기 요양 사업을 선도한다는 비전 아래 운영되는 단체입니다. 노인 복지 발전에 기여함을 목적으로 설립되어 운영되고 있습니다.

한국재가노인복지협회 www.kacold.or.kr / 02-3273-8646

설립일	1995년 11월 29일 (설립일) / 2017년 1월 1일 (기부금단체 지정일)
주요 사업	**[독거노인 결연 후원]** 한국재가노인복지협회는 형편이 어렵고 홀로 사는 노인과 지역 사회 이웃과의 1:1 결연으로 물질적·정신적·정서적 지원을 통한 이웃 사랑의 공감대를 형성하고 독거노인의 사회적 안전망 구축을 도모하기 위해 결연사업을 진행하고 있습니다. 정기 후원금을 납부하면 홀로 사는 어르신과 1:1로 결연을 맺어 매달 원하는 날짜에 원하는 후원금이 자동으로 이체됩니다.
기부금 내역 ※ 출처: 국세청 공시자료 2019	- 2019년 기부금 수입: 229,828,623원 - 2019년 기부금 지출: 217,485,053원

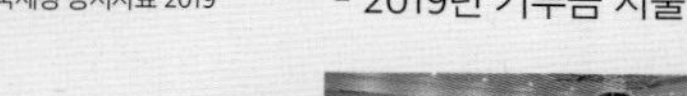

● 다일공동체(다일복지재단)

밥퍼 목사로 불리는 최일도 목사에 대해 들어본 적이 있을 겁니다. 그는 노숙인을 포함해 어르신들을 대상으로 무료급식 운동을 벌여 많은 주목을 받았습니다. 다일공동체(다일복지재단)는 밥퍼나눔운동본부를 핵심 사업으로 운영하고 있는 재단입니다. 고령화 사회에 적극 대응하고 정부와 지방자치단체로부터 제대로 지원받지 못하는 사각지대의 노인들을 지원해줌으로써 노인이 행복한 세상을 여는 길잡이가 되고자 설립하였습니다.

다일공동체(다일복지재단) dail.org / 02-2212-8004

설립일	2012년 5월 25일(설립일) / 2013년 3월 29일(기부금단체 지정일)
주요 사업	**[밥퍼나눔운동본부]: 급식 지원** '이 땅에 밥 굶는 이 없을 때까지'라는 핵심 가치를 토대로 운영되는 밥퍼나눔운동본부는 다일공동체의 가장 핵심 사업이라 할 수 있습니다. 1988년 청량리역 광장에서 라면을 끓이면서 시작된 밥상 공동체가 현재 활발히 이루어지고 있습니다. 밥퍼나눔운동본부에서 매일 1,000여 명의 어르신들에게 봉사자들의 정성 어린 손길을 통해 점심 진지를 대접하며 현재까지 이어지고 있습니다.
기부금 내역 ※ 출처: 국세청 공시자료	- 2019년 기부금 수입: 3,972,638,910원 - 2019년 기부금 지출: 4,157,599,709원

— 북한과 북한 이탈 주민

정치적인 상황과도 굉장히 밀접한 이슈입니다. 북한에 대한 지원은 남북관계에 따라 활발해지기도 하고, 경색되기도 합니다. 북한 이탈 주민은 그동안 새터민, 탈북자, 탈북민 등으로 불렸는데, 최근에는 북한 이탈 주민으로 명명되고 있습니다. 이들은 다문화 가정과 함께 문화, 언어 등의 문제에 직면해 있습니다. 특히 북한에 가족을 남겨두고 온 경우도 많다고 합니다.

● 남북하나재단(북한이탈주민지원재단)

남북하나재단은 정부와 활발히 협력하면서 북한 이탈 주민에 대한 지원을 제공하고 있는 재단입니다. 한국에 온 북한 이탈 주민들의 초기 정착부터 생활보호, 취업 및 교육 지원, 통일 미래 리더 양성, 국민 인식 개선 캠페인까지 다양한 사업을 통해 탈북민들의 경제적 자립과 사회적 통합을 돕기 위해 설립되어 운영되고 있습니다.

남북하나재단(북한이탈주민지원재단) www.koreahana.or.kr / 1577-6635

설립일	2010년 9월 27일(설립일) / 2011년 7월 11일(기부금단체 지정일)
주요 사업	**[북한 이탈 주민 초기 정착·생활 안정 사업]: 정착 도우미** 탈북민이 하나원에서 거주지에 도착할 때까지 그 신변을 보호하고, 거주지에서의 생활 안내를 하는 등 보호 대상자를 돕기 위한 민간 자원봉사자를 정착 도우미로 운영하고 있습니다. 정착 도우미가 되고자 하는 분은 관할 하나센터에 등록·신청 → 개인 확인 절차 → 기초 교육을 통해서 정착 도우미로 활동할 수 있습니다. 정착 도우미는 북한 이탈 주민들에게 거주지 안내, 입주 청소, 초기 물품 구입, 지역 생활 안내, 가정 방문 활동 등을 진행합니다.
기부금 내역 ※ 출처: 국세청 공시자료 2019	- 2019년 기부금 수입: 637,151,900원 - 2019년 기부금 지출: 1,261,161,356원
기타	- ARS: 060-700-1135 (1통당 2,000원)

● 통일과나눔

통일과나눔은 통일에 대한 공감대 형성과 남북한 동질성 회복에 중점을 두면서, 남북한 교류 협력을 위해 활동하는 단체를 지원하거나 탈북 학생들에게 장학금을 지급하는 사업을 시행하고 있습니다.

통일과나눔 www.tongilnanum.com / 02-739-7558

설립일	2015년 5월 26일 (설립일) / 2015년 10월 1일 (기부금단체 지정일)
주요 사업	[통일나눔 펀드] 재단법인 통일과나눔은 통일나눔펀드를 모금하고 있습니다. 이를 통해서 나눔을 통한 통일의 씨앗을 모으고 있습니다. 그 씨앗은 비록 작지만 우리 모두의 행복한 미래를 개척하는 값진 투자가 될 수 있을 것이라 할 수 있습니다. 통일나눔펀드로 모여진 기금은 공감대 형성 및 남북 동질성 회복과 관련된 통일 문화 확산, 통일 교육, 연구 및 학술 활동, 탈북민 지원, 글로벌 통일 역량 강화에 사용됩니다. 나눔을 통한 통일을 원하시는 기부자라면 여기에 참여하는 것도 의미가 있을 것입니다. 홈페이지를 통해서 정기 후원 및 일시 후원을 할 수 있습니다. 정기 후원은 1만 원, 2만 원, 3만 원, 5만 원, 10만 원으로 나누어집니다.
기부금 내역 ※ 출처: 국세청 공시자료	- 2019년 기부금 수입: 598,857,841원 - 2019년 기부금 지출: 177,867,326,740원

— **노숙인**

홈리스(the homeless)라고 불리는 노숙인은 주로 경제적 빈곤으로 인해 정해진 주거 없이 공원, 길거리, 지하철역, 대합실 등을 거처로 삼는 사람들을 말합니다. 이들에게는 주거 지원과 함께 의료 지원, 재활 및 자활 등의 종합적인 서비스가 필요합니다.

● **한국구세군(구세군 대한본영)**

해마다 12월이 되면 길거리에서 구세군 자선냄비를 한 번쯤 본 적이 있을 겁니다. 예전에는 자선냄비에 기부금을 넣는 방식이었는데, 최근에는 티머니 카드 단말기를 이용해 기부금을 받기도 합니다. 구세군은 아동·청소년, 노인·장애인, 여성·다문화, 긴급 구호·위기 가정, 지역 사회 역량 강화, 북한 및 해외 그리고 사회적 소수자들을 위한 7가지 영역에서 나눔 사업을 펼치고 있습니다. 2020년부터는 노숙인 지원 사업을 중점 사업으로 전개할 예정이라고 합니다. 현재 서울시에서만 약 2,500여 명의 노숙인을 지원하고 있습니다. "마음은 하나님께! 손길은 이웃에게!"라는 미션을 기반으로 세상에서 가장 낮은 곳에 있는 어려운 이웃에게 도움을 제공하고 있습니다.

한국구세군(구세군 대한본영) www.salvationarmy.kr / 02-6364-4000

설립일	1908년(구세군 한국군국 창립) / 1928년(구세군 자선냄비 모금 시작) / 2013년(구세군 자선냄비본부 출범)
주요 사업	[카페테바] 노숙인의 자활과 주거 안정을 돕기 위한 카페와 공동 작업장을 마련하여 운영하고 있습니다. '테바'는 '방주'라는 뜻을 지닌 단어로 노숙인이 거주하고 함께 생활할 수 있는 공동 작업장과 숙소도 마련되어 있습니다. 이를 통해서 일을 하고 싶어도 긴 시간 동안 집중하기 어려운 노숙인들에게 커피 포장 등 단순한 일거리를 제공해 근로 능력을 키우도록 돕고 있습니다. 서울시에서 지원하는 서울특별시립 브릿지종합지원센터와 서울시로부터 위탁을 받아 운영 중인 성인 남성 노숙인 보호시설인 시립 은평의 마을과 성인 여성 노숙인을 위한 서울특별시립 여성보호센터를 운영 중에 있습니다. 그 밖에도 합동희망원룸, 자활주거복지센터, 일죽쉼터, 아현동희망원룸 그리고 서대문사랑방 등 서울시에서만 약 2,500여 명에 이르는 노숙인들에게 체계적인 자활 복지 서비스를 지원하고 있습니다. 구세군은 노숙인 외에도 전체 취약계층을 대상으로 지원 사업을 펼치고 있습니다.
기부금 내역 ※ 출처: 구세군자선냄비 홈페이지 2018 운영보고	[구세군자선냄비본부] - 2019년 기부금 수입: 2,213,031,794원 - 2019년 기부금 지출: 1,431,923,933원

● 사회복지법인 안나의 집

안나의 집은 노숙인들이 바로 설 수 있도록 지원하기 위해 운영되는 사회복지법인입니다. 주요 사업은 노숙인 실내 급식소 운영 사업입니다. 특히 대표이사인 김하종 신부(이탈리아 출신, 본명은 빈첸시오 보르도)의 활동이 주목을 받기도 했습니다. 인간은 누구나 하느님의 공평한 자녀라고 보며, 하느님 닮은 모습으로 생활하기 위하여 노력하고 있습니다. 버림받고 소외된 이웃에게 영혼의 숨결을 불어넣고 상처받은 영육을 회복시키고자 전인적(全人的) 서비스를 제공함으로써 "보시니 참 좋았다" 하셨던 모습이 되도록 하기 위하여 어려운 이웃에게 사랑을 실천하고 있습니다.

사회복지법인 안나의 집 www.annahouse.or.kr / 031-757-6336

설립일	2006년 1월 16일
주요 사업	**[노숙인 급식소 운영]: "밥 한 끼 나눔의 배려보다 더 큰 사랑은 없습니다."** 안나의 집의 핵심 프로그램은 노숙인 무료급식소입니다. 노숙인이면 누구나 이용 가능하며, 월요일부터 토요일까지 오후 4시 30분부터 오후 7시까지 운영됩니다. 명절, 공휴일에도 쉬지 않습니다. 매일 530명 정도의 노숙인이 이를 이용하고 있습니다. 홈페이지에는 노숙인 급식 제공 현황 등이 자세히 공개되어 있습니다.
기부금 내역 ※ 출처: 국세청 공시자료 2019	- 2019년 기부금 수입: 5,241,806,872원 - 2019년 기부금 지출: 3,883,306,966원

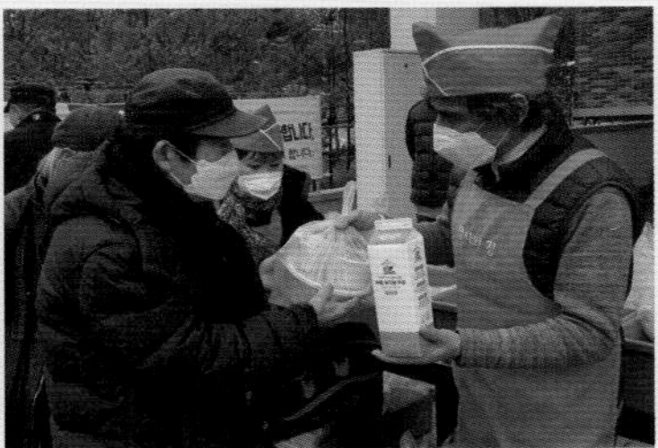

— 기타

이 외에도 도움이 필요한 대상들을 위한 다양한 단체 및 기관이 설립돼 운영되고 있습니다. 희귀 난치병과 관련된 단체들을 소개해드리고자 합니다.

● **한국한센복지협회**

인류 역사상 가장 오래된 감염성 질환 중 하나가 한센병입니다. 이 병을 일으키는 균을 최초로 발견한 노르웨이의 한센(Hansen, 1841~1912)의 이름을 따 한센병이라 불립니다. 우리나라에서는 나병이라고 불렸으며, 조선왕조실록 세종조에 '서기 1445년 제주에서 구질막을 설치해 환자들을 수용하고 진료를 실시했다'는 기록이 전해지고 있습니다. 한센병의 역사는 길지만 아직까지 정확한 감염 경로는 알려지지 않았습니다. 현재로서는 호흡기를 통한 공기 감염 가능성이 제일 높습니다. 한국한센복지협회는 국가 한센사업의 중추적 역할을 맡아 각종 의료·복지 사업을 펼치고 있습니다. 한센병 환자의 완치와 우리나라의 한센병 퇴치를 위한 연구사업에도 앞장서고 있습니다.

한국한센복지협회 www.khwa.or.kr / 031-452-7091

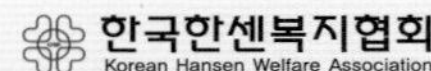

설립일	1948년 9월 3일 (설립일) 2011년 3월 31일 (기부금단체 지정일)
설립 목적	한국한센복지협회는 국가 시책에 따라 한센병 등에 관한 진료, 조사 연구 및 교육 홍보 사업을 수행하고 국제 교류를 통한 정보 교환 등으로 한센병을 퇴치, 예방하고 장애인에 대한 의료적, 사회적 재활 사업을 추진하여 국민 보건 향상에 기여함을 목적으로 하고 있습니다.
주요 사업	**한센인 결연 사업** 한국한센복지협회에 정기 후원을 통해 매달 일정 금액을 한센인에게 기부할 수 있습니다. 장애와 고령화로 힘들게 살아가는 한센인을 1:1로 돕고 싶은 경우 협회에서 후원을 필요로 하는 한센인을 기부자와 연결해 주고 있습니다. 국민의 소중한 성금은 입원 환자의 생활비, 약품비, 진료 지원 경비로 사용하고 있습니다.
기부금 내역 ※ 출처: 한국한센복지협회 2019년도 회비(기부금) 모금액 및 활동실적 공고	- 2019년 기부금 수입: 34,458,000원 - 2019년 기부금 지출: 34,458,000원

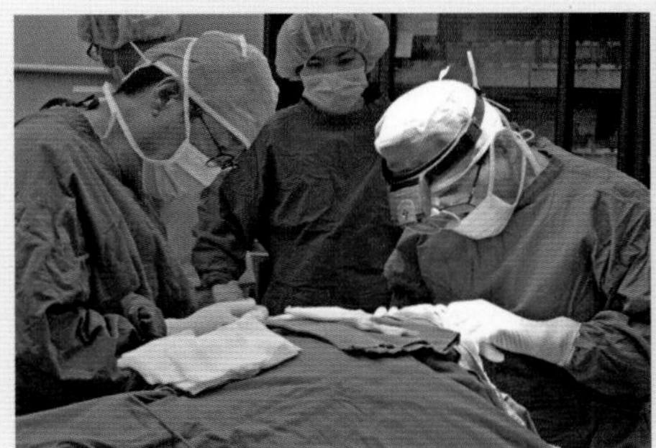

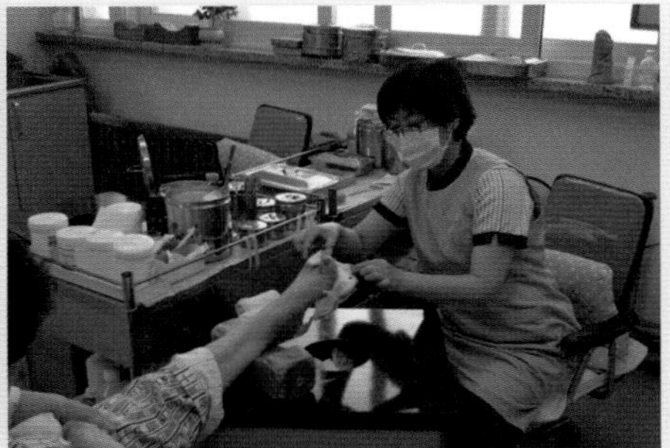

● 한국백혈병어린이재단

한국백혈병어린이재단은 질병으로 고통 받는 아동을 대상으로 많은 사업을 진행하고 있습니다. 아동 시기에 겪는 질병은 아동뿐만 아니라 아동을 양육하는 가정에도 큰 부담으로 작용하게 됩니다. 이런 문제에 관심을 가진 기부자라면 여기에 기부하는 것 또한 큰 의미를 가질 수 있습니다. 한국백혈병어린이재단은 모든 어린이가 질병을 이길 수 있도록 돕고, 가정과 사회에서 건강하고 행복한 삶을 살 수 있도록 활동하는 단체입니다.

한국백혈병어린이재단 www.kclf.org / 02-766-7671

설립일	2000년 12월 16일 (설립일) / 2011년 6월 30일 (기부금단체 지정일)
주요 사업	**따뜻해 마스크 캠페인** 항암 치료로 면역력이 약해진 소아암 어린이들은 항상 마스크를 착용해야 합니다. 이는 외부 세균으로부터 자신을 지키기 위함입니다. 특히, 추운 겨울에는 더욱 주의해야 합니다. 감기 같은 가벼운 질환도 소아암 어린이에게는 위험할 수 있기 때문입니다. 한국백혈병어린이재단은 기부자(1만 원 이상 기부)가 기부를 통해서 자신의 손바느질로 만들 수 있는 마스크 키트(1인 최대 3개)를 제공하고, 기부자가 만든 마스크가 기부자의 응원 메시지와 함께 치료를 받는 아이들에게 제공되도록 하고 있습니다. 추운 겨울날 질병으로 어려움을 겪는 아이들을 위해서 직접 마스크를 만들어보는건 어떨까요?
기부금 내역 ※ 출처: 국세청 공시자료	- 2019년 기부금 수입: 5,683,558,580원 - 2019년 기부금 지출: 5,539,771,053원

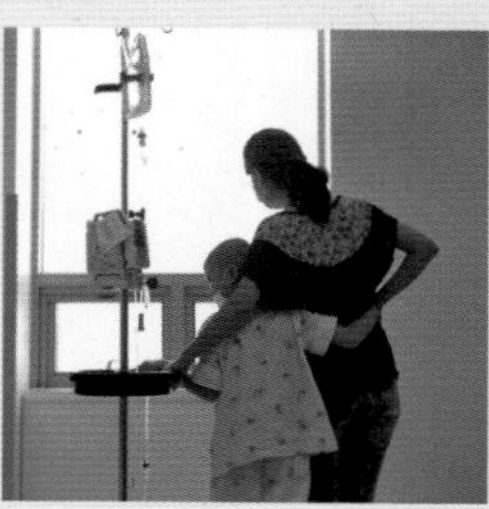

해외 대상자

한국 모금기관을 통해 이루어지는 해외 정기기부 사업은 주로 아동, 청소년 지원 사업과 낙후된 환경을 개선시킴으로서 자급자족할 수 있는 토대를 마련하게 하는 지역 사회 개발 사업이 주를 이룹니다.

— 아동 및 청소년

유니세프, 월드비전, 굿네이버스 등 사회 복지 분야의 많은 기관들이 아동 및 청소년을 대상으로 해외 사업을 진행하고 있습니다. 여기서는 제가 해외 아동 결연 사업을 통해 아동을 방문한 사례를 소개하고자 합니다.

— 지역 사회 개발

국내 자선 기관의 해외 사업 중 높은 비중을 차지하는 것이 지역 사회 개발입니다. 현지 지역 사회를 개발하고 자급자족할 수 있는 환경으로 만들어주는 사업입니다. 국가의 ODA(Official Development Assistance, 정부개발원조)와 협력한 사업들이 활발히 진행되고 있습니다.

생각 나눔

해외 결연 아동 방문기(에티오피아/굿네이버스)

해외 아동 결연 사업은 현재 한국 사회의 많은 기관들이 진행하는 프로그램입니다. 실제로 후원하는 아동을 방문해 만남을 가질 수도 있습니다. 그러나 국내 결연 아동을 만나는 것보다 복잡한 절차를 거치게 됩니다. 결연 아동을 만나기까지 거쳤던 과정을 하나씩 풀어보도록 하겠습니다.

1. 국내 사전 준비

1) 모금 기관과 협의

먼저 후원하고 있는 기관에 해당 사항을 요청합니다. 한국 지부에서 해외 지부에 방문이 가능한지 확인합니다. 방문이 가능하다면 한국 지부에서 동행자를 모집하고 해외 지부와 일정을 조율합니다. 항공기 티켓, 숙박, 현지 교통료, 식사 비용은 방문을 희망하는 사람이 모두 지불해야 합니다. 지역에 따라 통역이 필요하기도 합니다. 저는 굿네이버스 직원이 에티오피아 현지에 파견 근무 중이어서 별도의 통역을 두지는 않았습니다.

2) 국내 교육

국내 교육 시 지역 사업에 대한 소개, 방문 일정, 주의사항에 대한 사전 교육과 함께 책임 있는 행동 준수를 위한 서약서도 작성했습니다. 마찬가지로 함께 가는 동반인도 교육에 참가하고, 서약서를 작성해야 합니다.

- 사전 교육 내용

- 음주 및 흡연 지양
- 단정한 복장·노출 심한 옷 삼가기
- 다른 아동 임의 결연 요청 불가
- 아동과 연락처 및 개인정보 교환 불가
- 과도한 선물 지양
- 현지 아동·지역 주민·직원들에게 지키지 못할 약속은 하지 말기

- 안전교육

- 개인 위생 철저
- 모기 주의
- 음식과 물은 끓여서 섭취
- 지역 문화에 맞는 복장 착용
- 종교적·문화적 차이 인지
- 인질·납치 상황에 대해 유의사항 숙지

3) 비자 발급

일반적으로 만료일이 6개월 이상 남아 있는 여권을 가지고 여유 있게 비자를 신청하는 것이 좋습니다. 국가에 따라 입국장에서 비자를 받을 수 있는 곳도 있지만, 시간이 많이 소요될 수 있으니 국내에서 미리 받는 것

을 추천합니다. 항공기 티켓과 현지 숙박 예약표, 예금 잔고 등을 요구할 수 있으니 방문국 대사관에 직접 문의하는 것이 좋습니다.

4) 예방접종

의무적으로 예방접종을 해야 하는 지역들이 있습니다. 간혹 예방접종을 하지 않을 경우 대한민국으로 돌아올 때 입국이 거부될 수도 있습니다. 질병관리본부 해외여행질병정보센터(travelinfo.cdc.go.kr/) 홈페이지에 가면 최근의 검역 감염병 오염 지역에 대한 안내와 함께 해외 여행 접종 정보와 국가별 질병 정보를 확인할 수 있습니다. 방문하려는 지역에 따라 예방접종의 종류가 다르니 확인이 필요합니다.

예방접종에 필요한 백신이 있는 의료기관을 사전에 확인해야 합니다. 큰 병원이라도 모든 백신을 갖고 있지 않습니다. 저는 서울아산병원을 방문했는데 에티오피아 방문에 필요한 황열병 백신은 취급하지 않아서 다른 병원을 다시 찾았습니다. 참고로 에티오피아를 방문하기 위해서는 황열병, 콜레라, A형 간염(2회), 말라리아(복귀 후에도 복용)를 예방접종해야 합니다. 예방접종에 많은 시간이 소요됩니다. 진료비와 별도로 수입인지 금액(현금)도 필요합니다. 수입인지는 은행에서 전자 수입인지를 구매하면 됩니다.

WORLD HEALTH ORGANIZATION
ORGANISATION MONDIALE DE LA SANTE
보건복지부
국제공인예방접종증명서
INTERNATIONAL CERTIFICATES OF VACCINATION
CERTIFICATS INTERNATIONAUX DE VACCINATION
INTERNATIONAL HEALTH REGULATIONS
REGLEMENT SANITAIRE INTERNATIONAL

국제공인 예방접종 증명서

예방접종은 할인이 적용되지 않는 것이 일반적입니다.

예방접종을 하기 전에 감염내과 등을 방문해 사전 검진표를 작성해야 합니다. 예방접종을 하기 전에 열, 몸 상태, 방문지 등을 확인하는 것이죠. 이를 바탕으로 전문의와 상담하고 필요한 조치들을 처방받습니다.

예방접종 후에 받은 서류를 병원 원무과에 제출해 등록해야 합니다. 그러고 나면 국제공인 예방접종 증명서를 발급받을 수 있습니다. 예방접종을 했더라도 병원 해당 부서에 신고 접수를 하지 않으면 입국이 제한될 수 있으니 꼭 확인하기 바랍니다. 또 여행 중에 증명서를 꼭 소지해야 합니다.

2. 현지 아동 방문하기

국가나 지역에 따라 차이가 있을 수 있습니다. 여기서는 제 경험을 중심으로 설명하겠습니다.

굿네이버스 지역본부(Head Office) 방문: 에티오피아 수도인 아디스아바바에 있는 본부를 방문하고 사전 교육을 받았습니다. 현장에서 일하고 있는 분들의 열정과 헌신을 느낄 수 있는 자리였습니다.

현장 사무소 방문과 아동과의 만남: 드디어 굴레레 지역 사무소를 방문해 후원 아동과 어머니를 만났습니다. 얼마 안 되는 도움인데도 부끄러운 듯 저에게 감사하다는 이야기를 하는 아이를 보며 후원하기를 잘했다는 생각이 들었습니다.

현지 사업에 대한 설명: 현지에서 진행하는 교육 사업과 기초 생활 지원에 대한 설명을 들었습니다. 저와 같은 기부자들의 기부금이 체계적으로 활용되고 있다는 점에서 기관에게 정말 감사함을 느꼈습니다.

후원 아동과 박물관 견학: 후원 아동이 가고 싶어 하는 곳을 데려가기로 했습니다. 후원 아동이 에티오피아 국립박물관을 가보고 싶다고 해 현장 직원과 같이 동행했습니다. 별것 아닌데도 즐겁게 관람하는 아이의 모습이 계속 기억에 남아 있습니다.

후원 아동의 집 방문: 후원 아동과 같이 식사를 하고 후원 아동이 살고 있는 집을 방문했습니다. 어머니와 같이 사는 아이의 집은 상당히 열악했습니다. 그런 상황에서도 웃음을 잃지 않는 아이의 모습을 보면서 더 많이 도와주지 못해 미안하다는 생각이 들었습니다.

헤어짐: 한국에서 준비해 간 간단한 선물을 후원 아동에게 전달했습니다. 별것 아닌데도 너무나 좋아하는 아동을 보니 마음 한 편이 너무나 따뜻해졌습니다. 이런 작은 기쁨이 기부의 보람이라고 생각합니다. 후원 아동과 헤어지는 것이 아쉬웠지만 인사를 하고 나왔습니다. 후원 아동은 다음에도 또 만나고 싶다고, 한국에 한번 오고 싶다고 이야기를 했습니다.

후기 나눔: 굿네이버스 지역본부로 돌아와 방문에 대한 후기를 나누었습니다. 굿네이버스 직원들은 기부자들이 있기에 이렇게 사업을 할 수 있다고 감사해했습니다. 지속적으로 관심을 가져달라는 그들의 말에 오히려 제가 고마웠습니다. 저의 작은 도움이 이렇게 값지게 활용될 수 있다는 것을 느낄 수 있어서 정말 좋은 시간이었습니다. 처음으로 해외에 있는 아동을 방문해봤습니다. 해외여행을 나가는 것보다 더 뜻깊은 시간이었습니다. 여러분들도 가족과 함께 후원을 하고 여행 대신 후원 아동을 방문해보는 것은 어떨까요.

4장

나의 기부 생활 점검하기

◆

자신이 실행하고 있는 기부가

자신의 기부 철학에 맞게 이루어지고 있는지

또한 기대했던 성과가 창출되었는지를 점검해야 합니다.

시간이 지남에 따라 자신의 기부 프로그램이 잘 운영되고 있는지

신경 쓰지 않게 되는 경우가 많습니다.

기부도 자신과 사회를 위한 일종의 투자입니다.

투자의 성과를 확인하는 것은 꼭 필요한 일입니다.

기부 성과 점검하기

지금부터는 자신의 기부 동기와 철학에 따라 선정한 모금 기관의 프로그램이 계획대로 집행되고 있는지를 확인해야 합니다. 그리고 기부 성과가 얼마나 되는지 확인해 해당 기관의 프로그램에 지속적으로 기부할 것인지 또는 중단할 것인지를 판단해야 합니다. 가장 중요한 이유는 기부 기관에 자신의 의견을 전달하기 위함입니다.

기부 성과를 살펴볼 때에는 먼저 모금 기관의 각종 보고서를 활용합니다. 새롭게 참여한 기부 프로그램의 경우에는 모금 기관 연차 보고서를 먼저 살펴봐야 합니다. 이를 통해 모금 기관의 전반적인 방향에 대해 다시 살펴보고, 자신이 참여한 프로그램이 기부 기관 전체에서 어떤 위치에 속해 있으며, 해당 사업이 얼마나 비중 있는 사업인지 확인할 수 있습니다. 모금 기관 내 다른 프로그램에 비해 얼마나 효과적으로 운영되고 있는지도 파악할 수 있습니다. 다음으로 개별 사업 보고서 및 사업 평가 보고서를 통해 자신의 기부 프로그램를 더욱 자세히 알아볼 필요가 있습니다. 또 유사한 사업을 시행하고 있는 비슷한 규모의 다른 모금 기관의 연차 보고서와 비교하는 것도 도움이 될 수 있습니다.

모금 기관의 전반적인 부분에 대해 발행된 자료만으로는 자신이 후원하는 대상에 대한 개별적인 상황을 구체적으로 파악하기 어렵습니다. 보통 후원 기관에서는 이메일, 문자, 담당 사회복지사의 편지를 통해 후원 대상에게 전달된 서비스와 후원 대상의 변화 상황을 기부자에게 구체적으로 알려줍니다. 아동 후원일 경우에는 후원 아동으로부터 오는 편지를 통해서도 현재 진행되고 있는 프로그램의 성과를 간접적으로 파악할 수 있습니다. 이와 같은 자료들을 평소에 관심 있게 살펴보게 되면 기부자는 모금 기관과 향후 진행될 사항에 대해 소통할 수 있고 문제의식도 공유할 수 있습니다. 후원 대상자와의 만남도 준비할 수 있습니다.

연차 보고서

연도별로 자선 기관의 주요 사업 내용과 예산 및 결산을 포함하는 보고서가 기부자에게 제공됩니다. 연차 보고서는 기관 소개와 함께 1년간의 활동을 정리하는 내용입니다. 기부자는 보고서를 통해 기관의 활동을 점검할 수 있습니다. 많은 기관이 연차 보고서를 홈페이지에 공개하고 있습니다. 연차 보고서에서는 다음의 항목들을 주의 깊게 살펴봐야 합니다.

- 기관의 미션(mission) 및 비전(vision): 기부 철학과의 일치성 확인
- 기관의 주요 사업 분야: 사업 영역과 프로그램의 적합성 확인
- 기관의 재정 보고: 예산과 지출 항목 중 자신의 기부금 관련 사업 항

목 확인

- 기관 사업의 효과성: 사업을 통한 개선효과와 실행 횟수

연차 보고서로 기부 점검하기

① 기관의 미션(mission) 및 비전(vision): 기관의 미션과 비전이 자신의 기부 철학에 맞는지 다시 한 번 점검합니다.

② 기관의 주요 사업 분야: 자신이 후원하고 있는 프로그램이 자신이 생각했던 사업 영역에서 이루어지고 있는지, 그리고 후원 대상에게 필요한 서비스를 제공하고 있는지를 명확히 살펴봐야 합니다.

③ 기관의 재정 보고: 항목별 수입 금액과 지출 금액의 확인을 통해 나의 관심 사업 영역의 비중을 체크해봄으로써 해당 사업이 기관에서 차지하는 중요도와 전문성에 대해 살펴볼 수 있습니다.

④ 사업 집행의 규모와 효과성: 프로그램 운영 지역, 시행 횟수, 참가자 수와 같은 산출적인 수치를 통해 사업 집행의 규모를 파악하고, 프로그램 사전·사후의 만족도, 문제 발생 빈도 수에 대한 변화 지표를 통해 사업 성과의 효과성을 살펴볼 수 있습니다.

연구·정책·사업 보고서

모금 기관들은 자신들이 수행하고 있는 개별 사업군별로 사업 보고서를 내기도 합니다. 예를 들어 '해외 아동 결연 후원 보고서', '보건의료 지원 사업 보고서', '재난구호 지원 사업 보고서'가 있습니다. 최근에는 기부자들이 쉽게 이해할 수 있도록 그림과 사진, 동영상 등을 담아 제작하기

도 합니다. 특정 지역, 특정 이슈의 문제 해결을 위한 정책·연구·평가 보고서도 발간합니다. 이들 보고서에는 사업 진행에 따른 지원 대상의 소득, 생산량, 참여자 수의 변화처럼 정량 평가뿐만 아니라 인식의 변화처럼 정성 평가까지 포함하는 경우가 많습니다. 연차 보고서에 비해서 보다 학술적이고 전문적인 수준의 정보가 담겨 있어 깊이 있게 성과를 파악하는 데 도움이 됩니다.

기부 상식

기부금으로 사용된 '사업비'

기부를 하다 보면 자신이 낸 기부금이 어떻게 쓰였는지 궁금할 때가 있습니다. 기부금은 기부자가 선택한 기부 대상 및 영역에 사용되는 것이 당연합니다. 그런데 기부금 전액이 수혜자에게 전달되는 경우는 거의 없습니다. 기부 기관에서 실행하는 모금 활동 비용, 임직원 월급 등으로도 지출되기 때문입니다. 이러한 내용을 처음 접한 기부자 입장에서는 불쾌한 감정을 가질 수도 있습니다. 기부금과 사업비에 대한 이해가 충분치 않으면 기부자가 오해할 수 있는 부분입니다.

일반적으로 기부 기관에서 사업을 기획하고 대상자에게 서비스를 제공하기까지 여러 단계가 필요합니다. 그리고 각각의 단계에서 필요한 비용이 발생합니다. 이를 사업비라고 부릅니다. 기부자가 기부금 사용에 대한 오해를 하지 않기 위해서는 기부를 시작하는 단계부터 기관에서 이를 투명히 공개하는 노력이 필요합니다. 기부자도 기부금 사용에 대한 정보가 투명한 기관을 찾아야 합니다.

수혜자에게 기부금이 높은 비율로 전달된다고 해서 항상 좋다고만 볼 수도 없습니다. 사업비가 조금 더 들더라도 보다 전문적인 서비스가 제공된다면 수혜자의 삶은 변화하고 나아가 사회도 변화할 수 있습니다. 즉, 얼마나 많은 것이 전달되었는지도 중요하지만 얼마나 효과적으로 전달되었는지도 중요하다는 의미입니다. 기부자는 기부하기에 앞서 기부 기관에서 어떤 서비스를 제공하고 있는지, 다른 기관과 어떤 차별성이 있는지 등을 꼼꼼히 따져봐야 합니다. 기관에서 발행하는 연차 보고서나 사업 결과 보고서 외에도 기부 기관 및 수혜자와 지속적으로 소통하면서 자신의 기부 성과를 확인해나가야 합니다.

소통하고 관여하기

기부를 지속하는 데에는 소통과 관여가 중요합니다. 예를 들어 친구나 연인과의 관계에서도 소통을 많이 할수록 관계가 깊어지고 관여도도 강해지죠. 기부도 마찬가지입니다. 기관 및 수혜자와 소통하고, 더 나아가 다른 기부자들과 소통하며 활동에 관여하는 것이 기부 활동을 보다 가치 있게 만드는 핵심적인 활동입니다.

기부자와 기관 사이의 소통에서 출발점은 기부자입니다. 자신의 기부 철학과 맞는 기관을 선택하고 기부를 시작하기 때문입니다. 이후 본격적인 소통이 이뤄질 때 다음 사항이 중요합니다.

- 기관에서 제공하는 정보 활용하기
- 수혜자와 소통하기
- 다른 기부자들과 소통하기

기관에서 제공하는 정보 활용하기

처음 기부를 시작할 때 기부 신청서 또는 약정서를 작성합니다. 신청서에는 대부분 '기부에 대한 정보 및 소식을 받아보시겠습니까?'를 묻는 항목이 포함돼 있습니다. 보통 이런 항목을 읽으면 무의식적으로 '아니요'를 선택하는 경우가 있습니다. 대부분 기부 기관의 추가 기부 요청이 우려되거나 문자나 메일, 소식지 등에 쓰이는 예산을 아깝다고 느끼거나 불필요하다고 생각하기 때문입니다. 하지만 이런 행동은 기부자의 기부를 스스로 평가 절하하는 행동입니다. 기부 기관과 소통하려면 기관의 활동에 관심을 갖고 알고 있어야 합니다. 어떠한 이유에서든 기부 기관의 정보를 간과하기 시작하면 자신의 기부 활동은 어느 순간 가치를 상실하게 되고 자칫 기부 중단으로 이어질 수 있습니다.

기부자로서 활발하게 참여하고 의견 제시하기

최근 인터넷과 네트워크의 발달로 기관과 기부자 사이의 소통이 대부분 온라인에서 이루어집니다. 특히 많은 기관에서 기부자들의 욕구를 파악하기 위해서 설문조사를 시행합니다. 이런 활동에 참여하는 것도 기부자로서의 욕구를 표현하는 좋은 방법입니다.

생각 나눔

부담스러운 모금 기관 초청 행사?

기부자가 되면 모금 기관에서 주최하는 다양한 행사에 초청을 받습니다. 연말 행사, 토론회, 소모임, 후원 행사 등 크고 작은 행사들입니다. 기부자는 이러한 행사를 통해 기관의 활동과 방향에 대해 자세하게 들여다보고, 의견을 제시할 수도 있습니다. 간혹 모금 기관의 행사가 부담스러울 때도 있습니다. 추가적으로 기부를 권할 때도 있기 때문입니다. 이런 상황을 미처 생각지 못했던 기부자들은 당황할 수 있습니다. 고객 초청 행사라고 해서 갔더니 추가로 물건 팔기 위해 부른 것 같은 느낌일 겁니다. 그러면 모임이 불편하고 어색해져서 앞으로 참여하지 않으리라 마음을 먹게 됩니다. 하지만 현명한 기부자라면 우선, 모금기관은 모금을 위한 단체라는 사실을 인식해야 합니다. 기부자들을 우대하고 지속적으로 소통하려는 목적은, 결국 기부자들의 지속적인 기부를 이끌어내는 것입니다. 그런 측면에서 모금기관의 초청행사는, 오히려 해당 기관이 본래의 목적인 기부금 모금에 충실하고도 적극적으로 활동하고 있다는 증거로 볼 수 있습니다.

다음으로 자신만의 기부 철학과 계획을 명확히 세워 갑작스러운 기부 권유에도 분명하게 판단할 수 있어야 합니다. 자신이 의도하지 않은 기부는 추가 비용을 부담해야 하고, 기부의 의미를 찾기 어려울 때도 많습니다. 결국 지인의 소개로 억지로 가입한 보험 상품처럼 얼마 못 가서 해지하기도 합니다. 앞으로 자신의 기부 철학을 명확히 세우고 모금 기관 행사에 참여한다면, 분위기에 휩쓸리지 않으면서도 오히려 자신에게 맞는 뜻깊은 기부 프로그램을 소개받는 자리가 될 수도 있을 것입니다.

수혜자와 소통하기

자신이 후원하는 수혜자와 소통하는 것은 기부의 가치와 의미를 찾는 데 매우 중요한 일입니다. 수혜자와의 소통을 통해 그들이 겪고 있는 어려움을 이해하게 되고, 자신의 기부 철학을 수정하거나 단단하게 만들 정보를 얻기 때문입니다. 예를 들어 아동의 성장에 관심을 가지고 기부 철학을 세운 기부자라면 후원 아동과 소통하면서 어떤 부분을 더욱 지원해야 하는지를 구체적으로 정립할 수 있습니다.

앞서 해외 아동 결연 사업에 대해 소개한 것처럼 후원 아동으로부터 편지를 주고받는 것도 소통의 일환입니다. 보통 1년에 한 번씩 후원 아동으로부터 소식을 전하는 편지를 받습니다. 후원 아동의 현재 학교생활, 관심사, 앞으로의 꿈과 희망 등을 손 글씨로 적은 카드를 받으면 아동이 가까운 곳에 있는 것 같은 느낌을 받습니다.

모금 기관에서도 결연 대상 아동의 생일에 맞춰 후원자에게 손 글씨 카드를 발송하도록 유도합니다. 카드에 한 글자 한 글자 적어나가는 시간은 길지 않지만 후원 아동이 카드를 받아볼 때를 상상하며 기부의 의미를 되새기게 됩니다. 물론 생일선물 같은 물품도 함께 보낼 수 있습니다. 단, 후원자가 직접 보낼 수는 없습니다. 모금기관에 먼저 물품 전달 의사(품목이나 금액 등)를 밝히면, 모금기관에서 결연자의 상황을 판단해 적절한 선물(후원자의 선택 혹은 결연자의 희망)을 전달하는 방식입니다. 이는 혹시라도 서로에게 부담이 되거나, 자칫 상처를 줄 수 있는 실수를 방지하기 위해 전문가인 사회복지사가 조율을 하는 것입니다.

직접 방문해 소통하는 것도 가능합니다. 개인적으로 저는 군대에서 처음 기부를 시작했을 때 휴가를 나와 직접 결연 아동을 만나봤습니다. 국내 결연 아동의 경우에는 기관과 소통을 통해 아동을 방문할 수 있습니다. 단, 해외 결연 아동 방문 경험담에서 말한 것처럼 기부자가 부담해야 하는 비용이 부담이 될 수 있습니다. 자원봉사와 같은 재능 기부의 현장을 통해서도 기부자가 수혜자를 만나 그들의 어려움을 직접 눈으로 보고 이해할 수도 있습니다. 작은 소통일지라도 수혜자를 이해하고 자신의 기부 철학을 보다 명확하게 정립할 수 있는 기회가 된다면 기부자에게 정말로 뜻깊은 일일 것입니다.

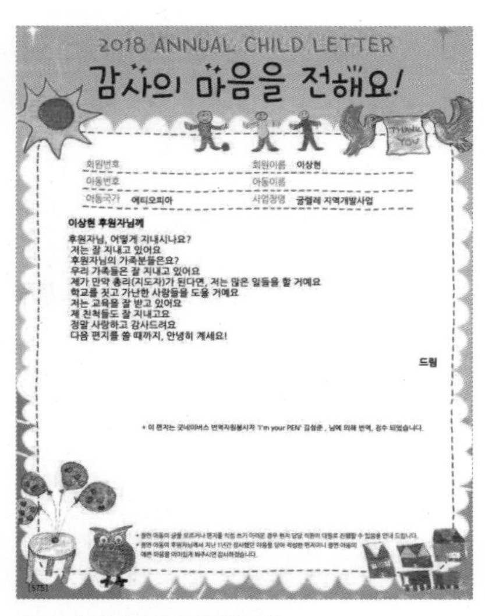

2018 ANNUAL CHILD LETTER

감사의 마음을 전해요!

회원번호		회원이름	이상현
아동번호		아동이름	
아동국가	에티오피아	사업장명	굴렐레 지역개발사업

이상현 후원자님께

후원자님, 어떻게 지내시나요?
저는 잘 지내고 있어요
후원자님의 가족분들은요?
우리 가족들은 잘 지내고 있어요
제가 만약 총리(지도자)가 된다면, 저는 많은 일들을 할 거예요
학교를 짓고 가난한 사람들을 도울 거예요
저는 교육을 잘 받고 있어요
제 친척들도 잘 지내고요
정말 사랑하고 감사드려요
다음 편지를 쓸 때까지, 안녕히 계세요!

드림

에티오피아에서 온 후원 아동의 편지

생각나눔

뜻깊은 만남, 추억의 사진

초등학생인 큰아들의 학습 발표회에 간 적이 있습니다. 많은 부모님이 기대에 찬 표정으로 카메라맨처럼 스마트폰을 들이밀고 있었죠. 그때 선생님의 한마디가 기억납니다. 사진을 찍는 것은 좋지만, SNS 같은 곳에 무분별하게 공개하면 다른 사람들에게 피해를 줄 수 있으니 가급적 자기 아이들만 촬영해주길 요청하는 것이었습니다. 그 선생님의 말은 기부 생활에도 적용할 수 있는 중요한 내용이었습니다. 사회복지 분야의 기부 사업 대상자는 여러 가지 측면에서 어려움에 처해 있는 경우가 많습니다. 대부분 본인의 상황을 드러내기를 피하고 싶은 사람들입니다. 기부를 통해서 만남을 가지고 그것을 기념하기 위해 사진을 찍고 SNS에 올리는 것이 기부자에게는 의미 있는 일일지 몰라도 후원 대상자들에게는 또 다른 상처가 될 수도 있습니다. 만약 사진을 찍고서 이를 공개해야 한다면 사전 동의를 구해야 합니다. 좋은 취지에서 알리려고 한 마음이 미숙한 처신으로 인해 오해를 사지 않도록 기부자가 반드시 인식하고 있어야 할 점입니다.

생각 나눔

후원 대상자를 멋진 곳으로 초청하고 싶어요

후원 대상자는 보통 신체적, 경제적, 문화적, 환경적으로 어려운 상황에 처한 경우가 많습니다. 그래서 기부자 중에는 즐거움과 기쁨을 함께 나누고자 후원 대상자를 좋은 곳으로 초청하려고 추진하기도 합니다. 저도 후원 아동을 롯데월드로 초청하고 싶어 담당 사회복지사를 통해 상담을 한 적이 있습니다. 그런데 제 생각이 매우 단순했다는 것을 깨닫기까지 오래 걸리지 않았습니다.

후원 아동을 초청할 때 몇 가지 문제를 고려해야 합니다. 첫째, 후원 아동을 혼자 후원자에게 보내면 성적 학대 같은 사고의 위험성이 있습니다. 둘째, 보호자가 동행하게 되면 보호자의 생업활동 시간을 빼앗을 수 있습니다. 셋째, 사회복지사가 동행하게 되면 행정적인 조율이 필요합니다. 넷째, 장기간 교통 이동으로 인한 위험성을 고려해야 합니다. 그리고 사회복지사에게 직접 들은 내용은 아니지만, 인원 증가에 따라 교통비와 숙박비가 추가적으로 발생할 수 있겠다는 생각이 들었습니다. 만약 후원 대상자가 거동이 불편한 분이거나 휠체어로 이동을 해야 한다면 고려해야 할 사항이 더욱 늘어날 것입니다.

후원 아동이 즐겁게 뛰노는 모습과 후원 대상자가 관광을 하며 흐뭇해하는 장면을 떠올렸다면 서운하게 들릴 수 있습니다. 하지만 그러한 모습들도 서로에 대한 신뢰감이 형성됐을 때 비로소 나올 수 있습니다. 일단 후원 대상자의 생활 공간이나 주변에서 마음을 나누고 이후에 함께 즐거움을 나눠도 늦지 않습니다.

다른 기부자들과 소통하기

자신과 같은 기부자들과 소통하는 것은 기부 활동을 점검하기 위해 중요한 수단이기도 합니다. 다른 기부자들의 활동과 의견을 접하면서 자신이 미처 생각지 못했던 부분들을 알게 되고, 기부에 대한 시각을 넓힐 수 있는 기회도 만들 수 있습니다. 또 기부자들과 함께 생각을 모으면 기부 기관에서도 진지하게 받아들이고 고민하게 됩니다.

모금 기관의 초청 행사 활용하기

모금 기관에서 주최하는 다양한 초청 행사에 가보면 기부자들을 많이 만날 수 있습니다. 같은 테이블, 옆자리 기부자들과 자연스럽게 인사를 나눌 수 있고, 기부 프로그램에 참여하게 된 이야기도 들을 수 있습니다. 모금 기관에서는 자신들의 대표적인 기부 사례를 보여주기도 합니다. 이때 무슨 동기로 어떻게 기부를 해왔는지에 대한 기부자의 소감 발표와 질의 시간을 통해 체계적인 설명도 함께 들을 수 있습니다.

기부자 모임 참여하기

기부자들과 조금 더 친밀하고 가깝게 소통하기 위해 '기부자 모임'에 정기적으로 참석하는 것도 좋은 방법입니다. 주로 모금 기관을 중심으로 자리를 마련하지만, 만남이 발전되면 자발적으로 운영되기도 합니다. 보통 모금 기관 초청 행사에 비해, 기부자들의 자유로운 만남과 대화가 목적이기 때문에 작고 편안한 형식이 주를 이룹니다. 커피나 브런치 식사를 하며 모이기도 하고, 작은 행사를 기획하기도 합니다. 기부자 모임을 통해 함께하는 기부에 대해서도 논의하고, 모임 전용 기부 프로그램을 만들기도 합니다. 무엇보다 혼자 고민하는 외로운 기부라는 생각이 들 때, 다른 기부자들과 함께하는 자리는 든든하고 힘이 됩니다.

굿네이버스의 '굿멤버스데이', 초록우산 어린이재단의 '초록우산 멤버스', 아름다운 재단의 '처음자리 마음자리'가 대표적입니다. 반드시 같은 모금 기관 기부자들의 모임일 필요는 없습니다. 기부 활동을 하고 있는 지인들과 작은 저녁 모임을 가져보길 권합니다. 평소에 알고 지내던 편한 사람들의 모임이 기부 철학까지 담긴 멋진 모임으로 재탄생하게 될 것입니다.

기부 전략도 그려보기

기부에 대한 준비와 실행 과정을 파악했다면 다음으로는 종합적이고 전략적인 관점에서 생각해봐야 합니다. 자신의 기부 철학을 충족시키고, 계획의 성과를 달성하기 위한 다양한 기부 요소들을 큰 시각에서 살펴보는 그림을 그리는 과정입니다. 한마디로 기부의 모든 항목들을 이용한 기부 철학의 구체화 작업입니다. 기부의 대상, 목적, 효과에 부합될 수 있는 방식과 기관을 선정해서 기부를 실행하고 성과 점검, 대상자와의 교류, 기관과의 소통, 주위 사람들과의 기부 철학 공유, 기부금 세무 처리 등의 과정을 한눈에 살펴보며 각각의 요소들 사이의 관계에 대해서도 되짚어 보는 과정입니다.

기부의 다양한 요소들을 동시에 살펴봐야 하는 이유는 각각의 요소들이 다른 요소들과 상호 영향을 미치기 때문입니다. 또 모든 요소들을 한 그림에 담으면 자신이 가장 중점적으로 생각하는 대상을 알 수 있습니다. 만약 자신이 강조하고 싶은 특정 항목만 강조할 경우 기부 활동 자체가 매우 부자연스러워지고, 자칫 무리한 활동이 될 수 있습니다. 그러면 지속적인 기부를 할 수 없고, 보람도 찾기 어려워집니다.

자신이 중요하게 생각하는 요소들에 대한 관심과 더불어 기부의 다양한 요소들의 상관관계를 잘 따져보고, 전체적으로 균형 잡힌 기부 설계를 한다면, 보다 효율적이고 효과적인 기부 생활에 도움이 될 것입니다.

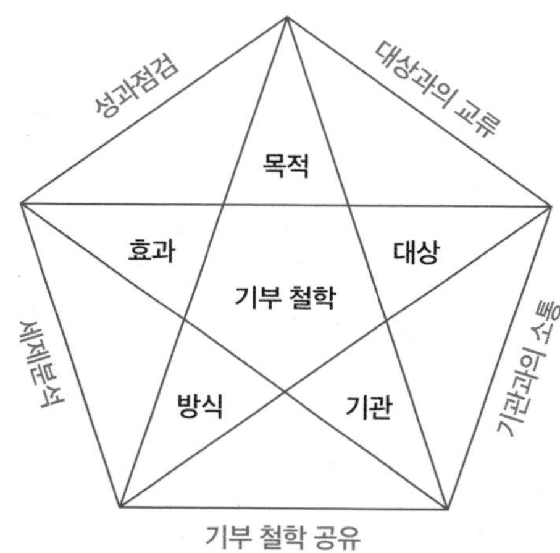

5장

기부와 세금

◆

만약 기부를 했다면 매년 연말 정산에서 자신이 낸
기부금의 일정 부분에 대해 세금을 감면받습니다.
우리나라는 기부 활성화를 통해
사회의 문제를 해결하고
공동체 의식을 확산시키기 위해
기부금에 대한 세금 감면 제도를 시행하고 있습니다.
기부자들의 권리이기도 하니,
세금 감면 혜택을 꼭 챙기길 바랍니다.
단, 세금제도는 자주 변경될 수 있으니 본문의 내용을 참고하되
세무 처리 시점의 세제를 반드시 확인하기 바랍니다.

개인 기부와
사업자 기부

기부금 세금 감면 제도는 다양한 법에 근거해 시행됩니다. 자신이 낸 기부금에 따라 감면율과 공제 한도 등이 달라 복잡하다고 느낄 수 있습니다. 하지만, 직장인이라면 고액의 기부금 납부나 특별한 경우을 제외하면 대체로 연말 정산 간소화 시스템의 자료를 제출하는 것으로 처리됩니다. 종합소득세 신고 대상자라면 세무사에게 자료를 제출하면 되니 크게 걱정할 필요는 없습니다. 단, 세법과 시행령이 자주 바뀌고, 자신이 처한 상황에 따라 다양한 계산식이 적용될 수 있습니다. 큰 금액의 기부를 했거나 특별한 방식의 기부를 계획하고 있다면, 사전에 세무 전문가와의 상담을 통해 돌려받아야 할 세금을 놓치지 않길 바랍니다. 여기서는 기부금과 세금 감면 제도에서 쉽게 빠뜨리는 항목들에 대해 설명하도록 하겠습니다.

개인기부자 : 근로소득세
근로소득 - 비과세소득 - 근로소득공제
= 근로소득금액
- 인적공제 - 연금보험료 공제 등
= 과세표준 x 세율
= 산출세액
- 세액공제 & 세액감면
+ 가산세
- 기납부세액
= 납부할 최종 세액

개인사업자 : 종합소득세	
사업소득, 기타소득 - 필요 경비	이자소득, 배당소득, 연금소득
= 종합소득금액	
- 소득공제	
= 종합소득 과세표준 x 세율	
= 산출세액	
- 세액공제 & 세액감면	
+ 가산세	
- 기납부세액	
= 납부할 최종 세액	

누구나 소득이 있다면 세금을 납부해야 합니다. 기부금 세금 감면을 위해 알아야 할 부분은 다음과 같습니다. ① 개인기부자라면 근로소득세의 '세액 공제', ② 개인사업자라면 종합소득세의 '필요 경비'와 '세액 공제'입니다.

먼저 근로소득이 있는 개인기부자는 세액 공제를 통해 세제 혜택을 받을 수 있습니다. 또한 근로소득 없이 사업소득이 있는 개인사업자는 종합소득세 신고 시 필요 경비에 산입해 세제 혜택을 받을 수 있습니다. 만약 근로소득과 사업소득이 모두 있는 기부자라면 필요 경비 산입과 세액 공제 중 하나의 방법을 선택해 세제 혜택을 받을 수 있습니다.

Q. 기부를 했는데 국세청 연말정산 간소화 시스템에서 조회가 안 됩니다.

A. 일반적으로는 연말정산 시스템에서 조회되는 기부금 납부 자료를 출력해 직장이나 세무사를 통해 세무 신고를 합니다. 하지만 국세청 연말정산 시스템에만 의존해서는 안 됩니다. 모든 모금 기관이 국세청 연말정산 간소화 시스템에 등록돼 있는 것은 아니기 때문입니다. 주로 규모가 작은 기관들이 누락되는 경우가 많습니다. 자신의 기부금이 조회되지 않는다면 해당 기관에 실물 기부금 영수증을 요청해 발급받아 세무 신고 서류에 첨부해야 합니다. 그리고 국세청 연말정산 시스템의 자료 또한 모금 기관에서 입력하는 것이므로, 크로스 체크의 일환으로 앞으로는 모든 기부처에 기부금 영수증을 요청하여 비교하는 것도 좋은 방법입니다.

Q. '개인'으로 기부해야 할지, '개인사업자'로 기부해야 할지 잘 모르겠어요.

A. 개인 사업장을 갖고 있는 사람이라면 개인으로 기부할지 개인사업자로 기부할지 잘 따져봐야 합니다. 개인사업자일 경우 사업 경비 항목으로 기부금을 납부 처리하는 것이 소득 금액에 따라 세금 감면 효과가 클 수 있습니다. 사업자는 소득 공제의 개념이 추가되기 때문입니다. 세액 공제가 납부할 세액에서 해당 금액을 빼준다는 의미라면, 소득 공제는 납부할 세액을 산출하는 과정에서, 즉 소득을 산정하는 과정에서

공제해준다는 의미입니다.

만약 100원의 소득이 있는데 사업 과정에서 30원의 기부금을 경비로 인정을 받게 된다면 세액을 산출하게 되는 기준 소득(과세 표준)은 70원이 됩니다. 소득세율이 40%라고 가정했을 때 70원이라는 소득에 대한 40%인 28원을 세금으로 납부해야 합니다. 그러면, 결국 42원이 남게 됩니다.

반면 경비 항목인 소득 공제 방식으로 처리하지 않고 세액 공제로 계산한다면, 100원에 대한 소득세 40원을 내고 난 후 기부금 30원의 30%(최고 세액 공제율로 가정하더라도)인 9원을 세액 공제로 돌려받습니다. 결국 39원만 남게 됩니다. 같은 금액을 기부해도 개인사업자로 기부금을 처리하는 경우가 세율 구간에 따라 금전적 혜택이 더 클 수 있습니다.

과거에는 개인도 소득 공제 방식으로 세금 감면을 받아서 환급률이 높았습니다. 하지만 세액 공제 방식으로 바뀌자 세금 혜택이 줄어들어 고액 기부가 줄기 시작했습니다. 이후 기부 문화 활성화를 위해 다시금 고액에 대한 세액 공제율을 높였습니다. 하지만, 여전히 개인사업자의 경우 소득 공제 방식으로 처리할 수 있습니다. 개인사업장을 운영하는 기부자라면 미리 살펴보면 혜택을 받을 수 있을 것입니다.

소득세 감면 혜택

개인(개인사업자 포함)이 기부금을 지출한 경우에는 소득세 감면 혜택을 받을 수 있습니다. 소득세법에 따르면 국내에 주소를 두거나 183일 이상의 거소(居所)를 둔 개인인 거주자(이하 "거주자"라 함)는 소득세를 계산할 때 필요 경비로 산입하거나 특별 세액 공제를 통해 세액 감면 혜택을 받을 수 있습니다.

사업소득이 있는 경우(소득세법 제34조)

사업소득이 있는 거주자(이하 "사업자"라 함)가 지출한 기부금은 필요 경비에 산입하거나 세액 공제를 받을 수 있습니다(연말 정산 대상 사업소득자를 제외한 사업소득만 있는 자는 필요 경비에만 산입 가능함). 어떤 방식으로 소득세 감면 혜택을 받을지는 자신에게 더 유리한 방식으로 선택할 수 있습니다. 필요 경비에 산입할 수 있는 기부금 한도는 지정 기부금과 법정 기부금의 유형에 따라 조금씩 다릅니다.

기부 상식

법정 기부금과 지정 기부금의 구분

법정 기부금 : 국가나 지방자치단체, 국가운영기관, 이재민 구호금품, 사립학교, 병원 등 소득세법 제34조 제3항에 따른 기부금

지정 기부금 : 사회복지법인, 문화예술단체, 환경보호운동단체, 종교단체 등 사회복지, 문화, 예술, 종교 등의 분야에서 공익성을 감안해 소득세법 제34조 제4항에 따라 대통령령으로 정하는 기부금 (예. 기획재정부장관이 지정한 단체에 지출하는 기부금 포함)

※ 지정 기부금 단체의 명단은 기획재정부 홈페이지에서 매분기 지정 · 고시하고 있으며, 2018년 3/4분기 현재 3,903개 기관이 지정 기부금 단체로 지정돼 있음

기부 상식

Q. 같은 금액을 기부했는데 단체마다 기부금 인정액이 달라요.

A. 기부한 단체가 법정 기부금 단체인지, 지정 기부금 단체인지에 따라 기부금 인정액이 달라지기 때문입니다. 개인의 세금 감면은 세액 공제가 적용됩니다. 법정 기부금의 경우 근로소득 금액의 100% 이내에서, 지정 기부금은 근로소득 금액의 30% 이내에서 세제상 기부금액으로 인정받을 수 있습니다.

기부금액의 15% 내에서 세액 공제를 받게 되며, 1,000만 원을 초과하는 금액에 대해서는 30%를 공제하게 됩니다. 연봉이 세전 5,000만 원인 직장인이 2,000만 원을 사회복지공동모금회와 같은 법정 기부금 단체에 기부하는 경우를 예로 설명하겠습니다. 기부금이 연봉의 100%인 5,000만 원 한도 내에 들기 때문에 전액 기부 금액으로 인정받을 수 있고, 1,000만 원에 대해서는 15%인 150만 원과 1,000만 원 초과액인 1,000만 원에 대해서는 30%인 300만 원, 총 450만 원을 납부해야 할 세금에서 빼준다는 의미입니다.

만약 지정 기부금 단체에만 2,000만 원의 기부를 했다면, 근로소득 5,000만 원의 30%인 1,500만 원만 기부금액으로 인정받게 됩니다. 즉, 2,000만 원을 기부했지만, 500만 원에 대해서는 올해는 인정받지 못한다는 의미입니다. 따라서, 1,000만 원에 대해서는 150만 원을, 500만 원에 대해서는 150만 원, 합계 300만 원을 내가 납부해야 할 세금에서 빼준다는 의미입니다. 국가에서 법정 기부금 단체에 대한 기부를 우대하는 것입니다. 따라서, 자신의 소득 대비 고액의 기부를 할 경우 반드시 차이를 계산해볼 필요가 있습니다.

「소득세법」 제34조 및 제59조의4

법정 기부금의 필요 경비 산입 한도액

사업자가 해당 과세기간에 지출한 법정 기부금은 다음의 금액을 한도로 해당 과세기간의 소득금액을 계산할 때 필요 경비로 산입합니다. 특히 법정 기부금은 기부할 때 세금 감면 혜택이 가장 크며, 개인은 소득금액에서 이월 결손금을 제외한 금액의 100%를 필요 경비에 산입할 수 있습니다.

> 필요 경비 산입 한도액 = 해당 과세기간 소득금액
> -「소득세법」 제45조에 따른 이월 결손금

지정 기부금의 필요 경비 산입 한도액

지정 기부금의 필요 경비를 산입할 때는 종교 단체 기부금이 있는지 여부에 따라 계산 방법이 달라집니다. 종교 단체 기부금이 없는 경우에는 소득금액에서 법정 기부금과 이월 결손금을 제외한 금액의 30%를 필요 경비에 산입할 수 있습니다.

종교 단체 기부금이 있는 경우 소득금액에서 법정 기부금과 이월 결손금을 제외한 금액의 10%에, 소득금액에서 법정 기부금과 이월 결손금을 제외한 금액의 20%와 종교 단체 외에 지급한 지정 기부금 중 적은 금액을 더한 금액만큼을 필요 경비에 산입할 수 있습니다.

종교 단체 기부금이 없는 경우

필요경비 산입한도액 = [소득금액 - (법정기부금 + 이월결손금)] × 30%

종교 단체 기부금이 있는 경우

필요경비 산입한도액 = [소득금액 - (법정기부금+이월결손금)] × 10%
+ {①[소득금액 - (법정기부금+이월결손금)] × 20%와
②종교단체 외에 지급한 지정기부금 중 적은 금액}

기부상식

종교 단체 기부금이란?

종교단체가 해당 종교의 보급, 그 밖의 교화를 목적으로 정부 및 지방자치단체의 허가를 받아 비영리법인(대부분의 종교 기관)을 설립한 경우, 해당 단체에 기부하는 기부금은 지정기부금 중에서도 종교단체 기부금으로 별도로 구분하고 있습니다. 다만 해당 종교단체가 설립하였다 하더라도 목적이 종교의 보급 및 그 밖의 교화가 아니라면 일반 지정 기부금으로 구분됩니다.

예) 종교 단체 기부금: 교회, 사찰에 직접 기부
일반(법정 · 지정) 기부금: 교회, 사찰이 운영하는 복지 재단 및 기관에 기부

필요 경비 산입 한도액을 초과한 기부금의 이월

필요 경비 산입 한도액을 초과해 필요 경비에 산입하지 못한 기부금은 해당 과세기간의 다음 과세기간 개시일부터 10년 이내에 끝나는 각 과세기간에 이월해 필요 경비에 산입할 수 있습니다. 단, 종합소득세 신고 시 세액 공제를 적용받은 기부금은 이월 금액에서 제외됩니다.

사업자가 지정 기부금과 법정 기부금을 지출한 때에는 과세 표준 확정 신고서에 기부금 명세서를 첨부해 관할 세무서장에게 제출해야 합니다. 사업자가 기부금을 금전 외의 자산으로 제공한 경우 해당 자산의 가액은 이를 제공한 때의 시가(시가가 장부가액보다 낮은 경우에는 장부가액을 말함)에 따르고, 법정 기부금에 해당하는 경우에는 장부가액을 기부금액으로 합니다.

기부상식

Q. 세금 감면 혜택을 받을 수 있는 기부금액의 한도를 넘겨서 기부했어요.

A. 기부금에 대한 세금 감면은 소득에 따라, 그리고 법정 기부금인지 지정 기부금인지에 따라서 매년 한도가 결정됩니다. 따라서, 한도를 넘는 금액에 대해서는 세금 감면을 받을 수 없습니다. 다만, 초과분은 다음 해로 이연되고, 또 넘는다면 또 이연돼 최대 10년까지 이연 처리를 할 수 있습니다.

사업소득 외 소득이 있는 경우 (소득세법 59조의 4)

'사업소득만 있는 거주자'를 제외한 모든 거주자가 지출한 기부금은 세액 공제를 통해 소득세 감면 혜택을 받을 수 있습니다. 이 경우 산출세액에서 해당 과세기간에 지급한 기부금을 공제하는 방식으로 세금 감면을 받게 됩니다.

거주자가 해당 과세기간에 지출한 기부금(배우자, 부양가족의 기부금 포함)이 있는 경우 다음의 금액을 종합소득 산출세액에서 공제합니다.

구체적으로 살펴보면 법정 기부금과 지정 기부금에서 이미 필요 경비에 산입한 기부금을 제외한 금액에 대해 15%의 세액 공제를 받게 되며, 1,000만 원을 초과하는 금액에 대해서는 30%를 공제하게 됩니다. 단 세액 공제 금액은 법정 기부금은 근로소득 금액의 100% 이내에서, 지정 기부금은 근로소득 금액의 30% 이내에서 공제받을 수 있습니다.

> 기부금 세액 공제액 = [(법정 기부금 + 지정 기부금) - 사업소득 금액을 계산할 때 필요 경비에 이미 산입한 기부금] × 15%(해당 금액이 1,000만 원을 초과하는 경우 그 초과분에 대해서는 30%)

이때, 법정 기부금과 지정 기부금이 함께 있으면 법정 기부금을 먼저 공제하고, 2013년 12월 31일 이전에 지급한 기부금을 2014년 1월 1일 이후에 개시하는 과세기간에 이월해 소득 공제하는 경우에는 해당 과세기간에 지급한 기부금보다 먼저 공제합니다.

기부금 세액 공제 한도액 (「소득세법」 제59조의4 제4항).

법정 기부금 한도액

> 종합소득금액(근로소득 + 사업소득 + 연금소득
> + 기타소득. 이자소득 및 배당소득은 제외)

지정 기부금 한도액

종교 단체 기부금이 있는 경우

> 세액 공제 한도액 = (종합소득 금액 - 법정 기부금) × 10% + [① (소득 금액 × 20%)와 ② 종교 단체 외에 지급한 금액 중 적은 금액]

종교 단체 기부금이 없는 경우

> 세액 공제 한도액 = (종합소득 금액 - 법정 기부금) × 30%

기부금 영수증 제출

거주자는 기부금 세액 공제를 받기 위해 기부금 명세서(「소득세법 시행규칙」 별지 제45호 서식)에 기부금 영수증(「소득세법 시행규칙」 별지 제45호의2 서식)을 첨부해 제출해야 합니다.

기부금 명세서와 기부금 영수증(소득세법) 예시

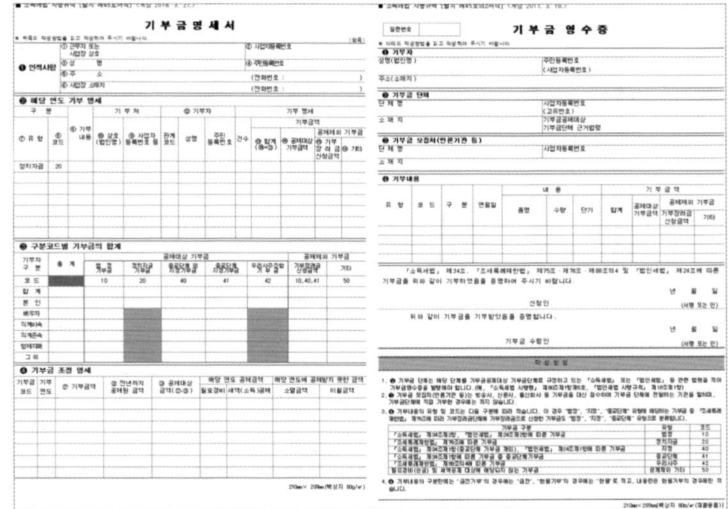

■ 소득세법 시행규칙 [별지 제45호서식] <개정 2018. 3. 21.>

기 부 금 명 세 서

※ 뒤쪽의 작성방법을 읽고 작성하여 주시기 바랍니다. (앞쪽)

❶ 인적사항		
	① 근무처 또는 사업장 상호	② 사업자등록번호
	③ 성 명	④ 주민등록번호
	⑤ 주 소	(전화번호 :)
	⑥ 사업장 소재지	(전화번호 :)

❷ 해당 연도 기부 명세

구 분		⑨ 기부내용	기 부 처		⑫ 기부자			기부 명세				
									기부금액			
											공제제외 기부금	
⑦ 유형	⑧ 코드		⑩ 상호(법인명)	⑪ 사업자등록번호 등	관계코드	성명	주민등록번호	건수	⑬ 합계(⑭+⑮)	⑭ 공제대상 기부금액	⑮ 기부장려금 신청금액	⑯ 기타
정치자금	20											

❸ 구분코드별 기부금의 합계

기부자 구분	총 계	공제대상 기부금					공제제외 기부금	
		법정기부금	정치자금기부금	종교단체 외 지정기부금	종교단체 지정기부금	우리사주조합 기부금	기부장려금 신청금액	기타
코 드		10	20	40	41	42	10,40,41	50
합 계								
본 인								
배우자								
직계비속								
직계존속								
형제자매								
그 외								

❹ 기부금 조정 명세

기부금 코드	기부 연도	⑰ 기부금액	⑱ 전년까지 공제된 금액	⑲ 공제대상 금액(⑰-⑱)	해당 연도 공제금액		해당 연도에 공제받지 못한 금액	
					필요경비	세액(소득)공제	소멸금액	이월금액

210mm×297mm(백상지 80g/㎡)

■ 소득세법 시행규칙 [별지 제45호의2서식] <개정 2017. 3. 10.>

일련번호	

기 부 금 영 수 증

※ 아래의 작성방법을 읽고 작성하여 주시기 바랍니다.

❶ 기부자

성명(법인명)	주민등록번호(사업자등록번호)
주소(소재지)	

❷ 기부금 단체

단 체 명	사업자등록번호(고유번호)
소 재 지	기부금공제대상 기부금단체 근거법령

❸ 기부금 모집처(언론기관 등)

단 체 명	사업자등록번호
소 재 지	

❹ 기부내용

유 형	코 드	구 분	연월일	내 용			기 부 금 액			
									공제제외 기부금	
				품명	수량	단가	합계	공제대상 기부금액	기부장려금 신청금액	기타

「소득세법」 제34조, 「조세특례제한법」 제75조·제76조·제88조의4 및 「법인세법」 제24조에 따른 기부금을 위와 같이 기부하였음을 증명하여 주시기 바랍니다.

년 월 일

신청인 (서명 또는 인)

위와 같이 기부금을 기부받았음을 증명합니다.

년 월 일

기부금 수령인 (서명 또는 인)

작성방법

1. ❷ 기부금 단체는 해당 단체를 기부금공제대상 기부금단체로 규정하고 있는 「소득세법」 또는 「법인세법」 등 관련 법령을 적어 기부금영수증을 발행해야 합니다. (예, 「소득세법 시행령」 제80조제1항제5호, 「법인세법 시행규칙」 제18조제1항)
2. ❸ 기부금 모집처(언론기관 등)는 방송사, 신문사, 통신회사 등 기부금을 대신 접수하여 기부금 단체에 전달하는 기관을 말하며, 기부금단체에 직접 기부한 경우에는 적지 않습니다.
3. ❹ 기부내용의 유형 및 코드는 다음 구분에 따라 적습니다. 이 경우 "법정", "지정", "종교단체" 유형에 해당하는 기부금 중 「조세특례제한법」 제76조에 따라 기부장려금단체에 기부장려금으로 신청한 기부금도 "법정", "지정", "종교단체" 유형으로 분류합니다.

기부금 구분	유형	코드
「소득세법」 제34조제2항, 「법인세법」 제24조제2항에 따른 기부금	법정	10
「조세특례제한법」 제76조에 따른 기부금	정치자금	20
「소득세법」 제34조제1항(종교단체 기부금 제외), 「법인세법」 제24조제1항에 따른 기부금	지정	40
「소득세법」 제34조제1항에 따른 기부금 중 종교단체기부금	종교단체	41
「조세특례제한법」 제88조의4에 따른 기부금	우리사주	42
필요경비(손금) 및 세액공제 대상에 해당되지 않는 기부금	공제제외 기타	50

4. ❹ 기부내용의 구분란에는 "금전기부"의 경우에는 "금전", "현물기부"의 경우에는 "현물"로 적고, 내용란은 현물기부의 경우에만 적습니다.

210mm×297mm[백상지 80g/㎡(재활용품)]

기부 상식

Q. 기부금 납부 내역 신고를 빠뜨렸어요.

A. 기부금 납부 내역 신고를 빠뜨려 세금을 돌려받지 못했다면 법정 신고기한이 지난 후 5년 이내에 신고할 수 있습니다. 이를 경정청구라고 합니다. 다만, 누락 사실을 마지막 신고기한인 5년 차에 신고했는데, 연간 세금 감면 한도가 넘는 금액이라면 일부 금액에 대해서는 세금 감면을 못 받을 수도 있습니다.

기부금 공제 순서 (「소득세법 시행령」 제81조 제4항 및 제118조의7 제1항)

거주자가 여러 종류의 기부금을 지출한 경우에는 해당 과세기간의 소득금액에서 해당 기부금의 공제 한도액을 기준으로 다음 순서에 따라 기부금 공제를 받아야 합니다. 공제 순서는 정치자금 기부금, 법정 기부금, 우리사주조합 기부금, 종교 단체 외 지정 기부금, 종교 단체 기부금 순입니다.

기부금 공제 순서 및 한도

① 정치자금 기부금 + 법정 기부금: 해당 과세기간의 소득금액(기부금을 필요 경비에 산입하기 전의 소득금액) - 이월 결손금

② 우리사주조합 기부금: (해당 과세기간의 소득금액 - 이월 결손금 - 정치자금 기부금 - 법정 기부금)×30%

③-1 종교 단체 기부금이 있는 경우: (해당 과세기간의 소득금액 - 이월 결손금 - 정치자금 기부금 - 법정 기부금 - 우리사주조합 기부금. 이하 "기부금 등 합계액"이라 함) × 10% + [(해당 과세기간의 소득금액 - 기부금 등 합계액) × 20%와 종교 단체 외에 지급한 금액 중 적은 금액]

③-2 종교 단체 기부금이 없는 경우: (해당 과세기간의 소득금액 - 기부금 등 합계액) × 30%

※ 연말 정산 기부금 공제에 대한 보다 자세한 내용은 <국세청 연말 정산 종합안내>에서 확인할 수 있습니다.

※ 우리사주조합에 대한 과세특례는 조세특례제한법에 규정돼 있습니다. 해당 법률에 따르면, 「근로복지기본법」에 따른 우리사주조합원이 우리사주를 취득하기 위해 우리사주조합에 출자하는 경우에는 해당 연도의 출자금액과 400만 원(제16조 제1항 제3호에 따른 벤처기업 등의 우리사주조합원의 경우에는 1,500만 원) 중 적은 금액을 해당 연도의 근로소득 금액에서 공제받을 수 있습니다.

정치자금에 대한 세금 감면 혜택 (「정치자금법」)

우리나라는 정치 후원금으로 불리는 정치자금 기부에 대해서도 세금 감면 혜택을 부여하고 있습니다. 국민의 정치에 대한 관심과 참여를 적극적으로 유도함과 동시에 정치자금과 관련된 부정을 방지함으로써 민주주의 정치의 건전한 발전에 기여하기 위한 목적입니다.

원칙적으로 대한민국 국민 모두 자신이 지지하는 정치인이나 정당에 정치 후원금을 기부할 수 있습니다. 법인과 단체의 경우에는 정치자금을 기부할 수 없습니다. 공무원이나 사립학교 교원처럼 정치적 중립을 지켜야 한다고 판단되는 사람의 경우에는 정치인과 정당에 직접 기부할 수 없으며 반드시 선거관리위원회에 기탁해야 합니다.

정당에 납부하는 당비, 정치인의 후원회에 기부하는 후원금, 선관위에 기탁하는 기탁금 등은 조세특례제한법이 정하는 바에 따라 세금 감면 혜택을 받게 됩니다. 정치자금을 기부한 개인은 이를 지출한 해당 과세연도의 소득금액에서 다음과 같이 세액 공제를 받을 수 있습니다.

정치자금 기부금액에 따른 세액 공제 금액

- 10만 원까지: 기부금액의 110분의 100
- 10만 원을 초과한 금액: 해당 금액의 100분의 15
- 3,000만 원을 초과한 금액: 해당 금액의 100분의 25

또한 지방세특례제한법 제164조에 따라 그 공제금액의 100분의 10에 해당하는 금액을 해당 과세연도의 개인지방소득세 산출세액에서 추가로 공제받을 수 있습니다. 다만, 사업자인 거주자가 정치자금을 기부한 경우, 10만 원을 초과한 금액에 대해서는 이월 결손금을 뺀 후의 소득금액의 범위에서 손금에 산입하는 방식으로 세금 감면을 받게 됩니다.

하지만, 모든 정치자금에 대해 세액 공제를 받을 수 있는 것은 아닙니다. 익명 기부, 후원회 또는 소속 정당 등으로부터 기부받거나 지원받은 정치자금을 당비로 납부하거나 후원회에 기부하는 경우에는 세제 혜택을 받을 수 없습니다. 또한 정치자금은 기부금 세액 공제 한도를 초과한 금액을 다음 과세연도로 이월해 공제받을 수는 없고, 당해 연도에 한해서만 세액 공제를 받을 수 있습니다.

물품 기부에 대한 세금 감면 혜택

아름다운가게, 밀알복지재단, 지파운데이션 등 다양한 기관에서는 물건도 기부받습니다. 개인이 옷, 신발, 가전제품, 책 등과 같은 물건을 기부하면 기부받은 기관에서는 기부 물품에 대해 금전적인 가치만큼 기부금 영수증을 발급해줍니다. 이를 통해 세금으로 감면받을 수 있습니다. 물품을 금액으로 환산하는 기준은 기관마다 차이가 있습니다. 일반적으로 지정기부금 단체가 개인사업자로부터 기부금(법정 기부금은 제외)을 금전 외의 자산으로 제공받고 기부금 영수증을 발급하는 경우 기부금액은 같은 법 시행령 제81조 제3항에 따라 해당 자산의 시가(시가가 장부가액보다 낮은 경우에는 장부가액)를 기준으로 정하게 됩니다.

시가와 장부가액

- 시가: 시장에서 형성돼 있는 가격
- 장부가액: 장부상에 기록돼 있는 금액. 시가로 기말 평가를 하게 되면, 그 금액이 다음 해의 장부가액이 됨

식품 기부에 대한 세금 감면 혜택 (「식품등 기부 활성화에 관한 법률」)

식품 기부는 식품과 생활용품을 기업이나 개인으로부터 기부받아, 저소득계층에게 지원하는 것입니다. '푸드뱅크'가 대표적인 식품 기부 기관입니다. 식품 기부를 한 개인은 소득세 감면 혜택을 받을 수 있습니다. 또한 개인사업자의 경우, 식품 및 생활용품의 제조업·도매업 또는 소매업을

경영하는 거주자가 해당 사업에서 발생한 잉여 식품 등을 푸드뱅크와 같은 기부식품 사업자에게 제공하는 경우, 기증한 식품 등의 장부가액을 해당 거주자의 사업소득세를 계산할 때 필요 경비로 산입할 수 있습니다.

자원봉사 활동에 대한 세금 감면 혜택 (「재난 및 안전관리 기본법」)

자원봉사 활동에 대해서도 특별한 경우에는 세금 감면 혜택을 받을 수 있습니다. 어떤 지역이 자연재해나 대형 사고와 같은 재난으로 극심한 피해를 입을 경우 정부 차원의 지원을 위해 특별재난지역으로 지정됩니다. 2000년 고성(산불), 2007년 태안(원유 유출), 2018년 포항(지진), 2020년 대구(코로나) 등이 특별재난지역으로 지정됐었습니다. 이렇게 특별재난지역에서 자원봉사 활동을 할 경우, 봉사시간에 따라 기부금 공제를 받을 수 있습니다.

자원봉사 용역 가액 계산식(① + ②)

① 자원봉사 용역의 가액 = 봉사일수 × 5만 원

※ 봉사일수 = 총 봉사시간 ÷ 8시간(단, 소수점 이하는 1일로 계산)

② 당해 자원봉사 용역에 부수돼 발생하는 유류비·재료비 등은 제공할 당시 시가 또는 장부가액

또한 자원봉사 활동을 위해 지출하는 교통비(유류비)와 재료비 등의 비용도 제공할 시점의 시가 또는 장부가액에 해당하는 금액을 공제받을 수

있습니다. 기부금 공제를 받기 위해서는 특별재난지역의 지방자치단체의 장, 해당 지방자치단체의 장의 위임을 받은 단체의 장, 해당 지방자치단체에 설치된 자원봉사센터의 장으로부터 기부금 확인서를 발급받아야 합니다.

특별재난지역이 아닌 다른 지역에서 자원봉사를 했을 경우에는 기부금 공제를 받을 수 없습니다. 예를 들어 사회복지관에서 자원봉사 활동을 하거나 의사와 간호사가 의료봉사 활동에서 진행하는 무료 치료 및 수술 등의 활동에 대해서는 기부금 공제를 받을 수 없습니다.

기부상식

상속세와 증여세 (「상속세 및 증여세법」)

우리나라에서는 상속이나 증여받은 재산을 법에서 정하고 있는 공익법인이나 비영리단체에 기부할 경우 기부한 금액에 대해서 상속세와 증여세를 면제해주고 있습니다.

비영리 법인에게 주는 세제상의 특혜는 국가가 해야 할 일을 대신하는 공익적 목적을 가진 기관과 단체의 활동을 장려하기 위해 마련된 것입니다. 상속세 및 증여세법(이하 "상증법"이라고 함)에 따르면 종교, 자선, 학술 관련 사업 등 공익성을 고려해 지정한 단체에 기부할 경우 상속세와 증여세를 면제해줍니다. 단, 상속세의 경우 상속세를 면제받으려면 상속 개시일(피상속자가 사망한 날)이 속하는 달의 마지막 날로부터 6개월 이내에 신고를 해야 합니다. 하지만 비영리 법인에 대한 과세특례를 악용하는 사례가 발생하고 있어 국가에서 특정한 경우에는 공익법인에 대한 기부에 대해서도 상속세나 증여세를 납부하도록 규정하고 있습니다.

주식을 기부한 경우에는 상속세를 내기도 합니다. 내국 법인의 의결권 있는 주식을 기부(출연)하는 경우, 해당 법인의 발행 주식 총수의 5%, 기부한 공익법인이 성실 공익법인인 경우에는 상호 출자 제한 기업 집단과 특수관계 없는 경우 10%(정관상 의결권 미행사 규정이 있는 자선, 장학, 사회복지법인은 20%)를 초과하게 되면 해당 주식분에 대해서는 상속세나 증여세를 납부해야 합니다. 주식을 기부하는 사람이 공익법인을 통해 자신과 특수관계에 있는 기업에 대한 소유권을 편법으로 유지하는 경우를 방지하기 위한 목적입니다.

공익법인에 대한 증여세와 관련해 가장 많이 알려진 A재단의 사례를 살펴보겠습니다. B씨는 177억 원에 달하는 보유 주식과 현금을 출연해 장학재단을 설립했습니다. 세무서에서는 현행법상 무상 증여에 해당한다고 보고, 장학재단에 140억 원에 달하는 증여세를 부과했습니다. 이 사건에 대한 1·2심 법원의 판단은 달랐고, 결국 대법원까지 가서야 세무서의 증여세 부과가 부당하다는 확정 판결을 받을 수 있었습니다. 당시 대법원은 B씨가 주식 증여를 통해 A재단을 '실질적으로' 지배하려는 목적을 갖고 있지 않고, 순수하게 공익적 목적을 위한 증여라고 판단했기 때문에 해당 증여세 부과를 부당하다고 본 것입니다. 하지만, 이 같은 경우와는 반대로 증여세를 부과받은 사례들도 있습니다.

현행 상증법의 규정만으로는 공익법인에 대한 주식의 기부 활동이 상속세와 증여세의 면제 대상인지를 명확하게 가리기가 매우 까다롭습니다. 하지만 기업 지배권 유지와 같은 부당한 목적이 아닌 공익적 목적을 위한 상속과 증여에 대해서는 상속세와 증여세 부과를 면제해주는 방향으로 사회적 인식과 법 제도의 개선이 이루어지고 있는 추세입니다. 공익법인에 대한 기부를 통해 사회문제 해결에도 기여하고, 세금 감면도 받는 일석이조의 효과를 누릴 수 있지만 무엇보다 철저히 세무적 요건을 충족해야 합니다.

※ 상증법 시행령 제12조 참조

※ 상증법 제 50조, 제50조의2, 제50조의3, 제50조의4, 제51조에서 정한 요건 참조

기부상식

유류분(遺留分) 제도 (「민법」 제1112조부터 1118조)

우리나라에서는 자신의 재산을 자유롭게 상속 또는 증여할 수 있지만, 유족에게도 일정 금액을 상속 또는 증여받을 수 있는 권리를 보장하고 있습니다. 이를 유류분 제도라고 합니다. 법에서 정하는 일정한 상속인

을 위해 법률상 유보된 상속재산의 일정 부분을 유류분이라고 합니다.

유류분이 모든 상속 순위자에게 인정되는 것은 아닙니다. 피상속인의 직계비속(아들, 딸, 손자, 손녀 등), 배우자(남편 또는 부인), 직계존속(아버지, 어머니, 할아버지, 할머니 등), 형제자매(언니, 누나, 형, 동생)와 같은 근친자에게만 한정됩니다. 또한 유류분의 비율은 재산 상속의 순위에 따라 다르게 인정됩니다.

- 피상속인의 직계비속 및 법률상 배우자: 법정상속분×1/2
- 피상속인의 직계존속 및 법률상 배우자: 직계존속은 법정상속분×1/3, 법률상 배우자는 법정상속분×1/2
- 피상속인의 형제자매: 법정상속분×1/3

예를 들어 부모가 자신의 전 재산을 사회복지기관에 기부하고 사망했다면, 유류분에 대한 권리가 인정되는 상속 순위자들은 해당 사회복지기관에 대해 유류분의 반환을 청구할 수 있습니다. 단, 이미 상속이나 증여로 인해 유류분의 일부분을 받은 경우라면, 그 유류분의 부족한 금액에 대해서만 반환을 청구할 수 있습니다.

예) 유류분으로 인정받은 금액: 1,000만 원
이미 상속받은 금액 : 900만 원
반환을 청구할 수 있는 금액 : 100만 원

기부 상식

조용한 기부가 미덕일까? No!

뜻깊은 기부 생활을 이어오다가 세상을 떠난 어떤 분의 이야기를 살펴보겠습니다. 생전에 주위에 많은 도움을 주면서 가족과 사회로부터 존경을 받아오던 분이었습니다. 남은 가족들도 각자 경제 형편이 괜찮았고, 고인의 뜻을 존중해 고인이 생전에 재산을 남김없이 좋은 곳에 사용하는 것에도 반대가 없었습니다. 이에 따라 사망 시 남은 재산도 거의 없어, 상속세 납부 대상도 아닌 것으로 파악하고 있었습니다.

그런데, 국세청으로부터 상속세를 납부하라는 통지서가 왔습니다. 상속세 납부액을 미신고했으니, 연체이자와 더불어 가산세도 물으라는 내용이었습니다. 어떻게 이런 황당한 경우가 생기게 됐을까요? 바로 생전에 고인이 통장에 기록을 남기지 않고, 현금이나 수표 등을 인출해 어려운 기관에 직접 기부한 금액들이 상당했기 때문입니다. 더구나 고인은 본인의 이름이 밝혀지기를 원하지 않았습니다. 기부금이 필요한 기관과 사회 사업을 펼치고 있는 종교 기관에 남몰래 기부를 했던 것입니다.

국세청에서는 고인이 상속세를 피하기 위해 현금이나 수표를 인출해 미리 유가족들에게 준 것이라는 가정하에 상속세 조사를 하게 됩니다. 사망 시점으로부터 일정 기간 동안 일정 금액 이상의 인출 금액에 대해 유가족들은 직접 소명해야 합니다. 하지만, 유가족들은 고인이 돈을 어디에 어떻게 사용했는지 몰랐습니다. 고인이 가족들에게 기부 사실을 알리지 않았기 때문입니다. 이 같은 상황에서 기부금을 추적하기란 매우 어렵습니다. 고인의 뜻을 존경해왔던 유가족들이지만, 국세청에서 거액의 상속세를 내라고 하니 억울하기도 하고, 적지 않은 원망심도 생겨났을 것입니다.

고액 기부자의 상황을 가정해본 이야기입니다. 하지만, 충분히 현실에서 일어날 수 있는 일입니다. 일부 기부자의 경우 기부 사실을 주변에 알리는 것을 꺼릴 수 있습니다. 이러한 이야기가 조용한 기부를 하지 말라는 의미가 아닙니다. 자신의 기부를 알리고 싶지 않더라도 최소한 공식적인 기부를 해야 한다는 의미입니다. 반드시 기부금 영수증을 발급받고 통장에도 기록을 남겨야 합니다. 가장 좋은 것은 기부 사실을 가족과 주변에 알리는 것입니다. 이제부터는 아무리 좋은 의미로 시작한 조용한 기부라도 반드시 공식적으로 기록을 남기길 바랍니다.

기부 상식

단체로 모은 성금 기부도 기부금 영수증 발급이 가능

보통 연말연시면 직장에서 불우이웃 돕기 성금을 일괄적으로 공제해서 '○○회사 임직원 일동'으로 기부하곤 합니다. 이때에도 기부 기관에 요청해 개인별 기부금 영수증을 발급받을 수 있습니다. 마찬가지로 아파트 관리실에서도 성금을 모아서 납부하는 경우가 있습니다. 이때에도 기부금 영수증을 발급받을 수 있습니다. 따라서, 기부금이 급여에서 공제되거나 단체로 납부하게 될 때에는 사전에 회사 총무부서나 관리사무소에 기부금영수증 발급 의사를 명확히 밝히는 것이 좋습니다. 기부금 영수증은 단순히 세금 문제가 아니라 자신의 기부 생활을 점검할 수 있는 주요한 지표라는 점에서 기부자가 꼼꼼히 챙겨야 합니다.

기부 상식

기부와 개인정보

기부를 하다 보면 여러 가지 이유로 기부를 중단해야 할 때가 생깁니다. 대부분 경제적인 상황과 관련이 있습니다. 많은 기부자들이 기부 기관에 알리지 않고 후원을 중단하기도 합니다. 후원을 중단한다는 데 대한 미안한 마음이 크기 때문이라고 합니다. 그러나 이미 후원을 했다는 것만으로 충분히 가치 있는 일을 한 것입니다. 무엇보다 기부는 기부자 자신의 상황에 맞게 해야 하는 것입니다. 절대로 기부를 중단한다고 해서 미안한 마음을 가질 필요가 없다고 생각합니다.

실제로 기부 기관에서는 6개월 정도 후원이 중단되면 중단 회원으로 처리하는 경우가 많습니다. 만약 기부를 중단해야 하는 상황이라면 기부 기관에 명확하게 통보해주는 것이 서로의 불필요한 노력을 줄일 수 있는 좋은 방법입니다. 어떠한 이유로 중단해야 하고, 다음에 기회가 되면 다시 기부하겠다는 메시지를 전해주는 것이 일방적으로 연락을 끊는 것보다 훨씬 예의 있는 행동입니다. 또한 이렇게 통보를 해야 자신의 개인정보 처리 등을 명확히 확인할 수 있습니다.

또한 기부 중단 후 기부 기관에 자신의 개인 정보가 남지 않기를 원한다면, 기부 기관에 명확하게 자신의 개인 정보를 삭제해달라고 요청하는 것이 개인 정보 유출 사고 등을 미연에 방지하는 데 도움이 될 것입니다.

기부가 주는 긍정의 에너지로 사회를 풍요롭게 채우게 되길

과연 기부가 우리에게 어떤 의미인지, 기부를 바라보는 우리의 시선은 어떠한지, 우리 사회의 기부 문화는 어떤 방향으로 나아가야 할지 다시금 묻게 됩니다. 기부는 무엇보다 나를 위한 행동입니다. 기부 과정에서 기부자가 얻게 되는 긍정적인 에너지는 기부자를 역동적으로 변화시키며, 기부자의 가족과 기부자가 속한 사회를 따뜻하고 풍요롭게 만듭니다. 그리고 그 혜택은 결국 나에게 돌아오게 됩니다. 기부는 남을 위하지만, 결국 나를 위한 행동인 것입니다. 기부는 나를 찾아가는 과정이기도 합니다. 나는 어떤 가치를 중시하는지, 어떤 분야에 관심이 있는지, 공동체 안에서 나의 역할은 무엇인지에 대해 끊임없이 고민하는 성찰의 시간이기 때문입니다.

모두가 따뜻한 시선으로 기부를 바라봤으면 합니다. 기부 행동을 바라보는 다양한 시각이 있습니다. 어떤 사람은 기부를 숭고한 인류애의 실천으로 보기도 하고, 또 다른 사람은 개인 홍보를 위한 전략으로 치부하기도 합니다. 하지만, 우리는 모든 사람들의 기부에 따뜻한 박수를 보내야 합니다. 기부를 전혀 하지 않는 것보다 기부하는 것이 의미 있는 행동이기 때문입니다. 기부 행동이 거듭될수록 스스로 느끼게 되는 보람과 감동은 기부자를 진정성 있는 기부의 영역으로 한 걸음 한 걸음 다가가도록 해줄 것이라 믿습니다.

기부는 우리 사회의 보편적 문화가 돼야 합니다. 문화는 사회를 움직이는 힘입니다. 긍정적인 힘을 가진 기부 문화가 우리 사회에 자리 잡을 때 우리 사회는 보다 밝고 희망적으로 바뀔 것입니다. 어려운 시기를 극복할 수 있는 저력도 생길 것입니다. 이를 위해 기부 생태계에 대한 신뢰가 확립돼야 할 것입니다. 모금 기관의 투명한 사업 집행과 정보 접근에 대한 편의성이 증대돼야 합니다. 기부자가 기부에 대한 자신만의 기부 철학을 가질 수 있도록 도움을 줄 수 있는 기부 교육의 확산도 함께 이루어져야 합니다.

우리 사회의 기부 문화를 합리적이고 깨끗하게 만들고 이를 확대하는 데 작은 보탬이 되고자 이 책을 준비했습니다. 비록 첫 시도이고 부족한 점이 많지만 이 책을 시작으로 기부에 대한 보다 많은 정보와 생각들이 오가고 논의됐으면 합니다. 친구들과 저녁 자리에서 기부 생활에 대해 이야기 나누고, 새로운 사람을 만났을 때 서로의 기부 생활을 소개하는 장면을 상상해봅니다. 기부는 하면 할수록 사람을 겸손하게 하는 힘이 있는 것 같습니다. 바꿔 말하면 주위의 사람들을 더욱 존중하게 만들어줍니다. 삶에 깊이를 더해주는 기부가 당신과 우리 모두의 삶을 의미 있게 바꾸어 나가길 바라며 책을 마칩니다.

대한민국
기부 가이드북

초판 1쇄 2020년 10월 17일

지은이 이상현

발행인 이상언
제작총괄 이정아
편집장 조한별

세무 자문 김상훈
감수 뉴솔루션
표지·본문 책자 사진 박종근
디자인 김아름

발행처 중앙일보플러스(주)
주소 (04517) 서울시 중구 통일로 86 4층
등록 2008년 1월 25일 제2014-000178호
판매 1588-0950
제작 (02)6416-3950
홈페이지 jbooks.joins.com
네이버 포스트 post.naver.com/joongangbooks
인스타그램 @j__books

ⓒ 이상현, 2020

ISBN 978-89-278-1166-4 03330

• 저작권법에 따라 보호받는 저작물이므로 무단 전재와 무단 복제를 금하며
책 내용의 전부 혹은 일부를 이용하려면 반드시 저작권자와 중앙일보플러스(주)의 서면 동의를 받아야 합니다.
• 책값은 뒤표지에 있습니다.
• 잘못된 책은 구입처에서 교환해 드립니다.
• 이 도서의 국립중앙도서관 출판예정도서목록(CIP)은 서지정보유통지원시스템 홈페이지(http://seoji.nl.go.kr)
와 국가자료종합목록 구축시스템(http://kolis-net.nl.go.kr)에서 이용하실 수 있습니다.
(CIP제어번호 : CIP2020041571)

중앙북스는 중앙일보플러스(주)의 단행본 출판 브랜드입니다.